价值生长

子皮 著

民主与建设出版社
·北京·

©民主与建设出版社，2023

图书在版编目（CIP）数据

价值生长 / 子皮著. -- 北京：民主与建设出版社，2023.4

ISBN 978-7-5139-4055-9

Ⅰ.①价… Ⅱ.①子… Ⅲ.①金融投资—通俗读物 Ⅳ.①F830.59-49

中国版本图书馆CIP数据核字（2022）第247254号

价值生长
JIAZHI SHENGZHANG

著　　者	子　皮
责任编辑	程　旭
封面设计	青空工作室
出版发行	民主与建设出版社有限责任公司
电　　话	（010）59417747　59419778
社　　址	北京市海淀区西三环中路10号望海楼E座7层
邮　　编	100142
印　　刷	北京世纪恒宇印刷有限公司
版　　次	2023年4月第1版
印　　次	2023年4月第1次印刷
开　　本	880mm×1230mm　1/32
印　　张	10.75
字　　数	251千字
书　　号	ISBN 978-7-5139-4055-9
定　　价	65.00元

注：如有印、装质量问题，请与出版社联系。

序
欲从赤松游

有个怪现象，不知道大家有没有注意到。男人买辆车，从动力、续航到内饰，然后去试驾，可以前前后后琢磨个一年半载，但是一到投资股票，只要有人给他个消息，几万，几十万，甚至几百万，分分钟就投进去了。女人也一样，买件衣服，在商场里逛啊，淘啊，一会儿摸摸面料，一会儿对对身形，然后试穿，试穿完还得砍价，砍完价以后，不满意还会继续逛，于是，上面的流程又得再来一遍。但是，一到投资股票，也喜欢听风就是雨，随便听了网上一个大 V 的分析，自己就跟着"梭哈"了。

为什么会出现这种现象？说白了，是因为大家都把买卖股票当作一个投机游戏，甚至是赌博游戏。遗憾的是，真正的投资不是这样的。

我们来看看价值投资的鼻祖格雷厄姆对投资的定义：

"投资是经过深入分析，可以承诺本金安全并提供满意回报的行为，不能满足这些要求的行为就是投机！"

看到了吗？一个真正的投资行为要满足三点，第一要深入分析，第二要强调本金安全，第三才是追求满意回报。

按照这个标准，我们大多数股民只想要第三点，对第一点和第二点都不感兴趣。绝大多数人只想一夜暴富，他们只追求高回报，潜意识里压根就没有安全边际的意识，更不用说深入分析了。

所以，为什么巴菲特一生当中最感谢的是他的老师格雷厄姆，原因不在于格雷厄姆教了他多少投资上的"术"，而在于是格雷厄姆把他从投机股票的泥潭中拉了出来，让他真正走上了价值投资的道路。

也正因此，《价值生长》这本书的目标之一，就是要让更多的投资者朋友，把股票投机的心理扭转过来，就像男性买车、买数码产品一样，反复权衡、严肃地对待每一次投资，就像女性买衣服、买化妆品一样，精打细算、认真地对待每一次投资。

所以到这里，真正的投资内涵，就非常通俗了，即你不管投资什么东西，都得权衡利弊，都尽可能做成一项划算的买卖。

好了，问题又来了，我们具体该怎么权衡利弊？怎么做划算的买卖呢？答案只有一个：依靠概率优势。

《孙子兵法》里讲："先胜而后求战。"注意这里的"胜"，不是指"胜利"，而是指"胜算"。好的投资，都是有大概率胜算的投资，如果一个项目要靠祖坟冒青烟才能大胜大赚，抱歉，这种项目就应该回避，即使人家赌对了，我也绝对不会羡慕。同样，在我们的生活中，凡是一局定胜负的游戏不要玩，凡是完全靠平均概率的游戏不要玩，这些本质上都是赌博。

更进一步，有人又问了，那么我所说的"概率优势"又从何而来呢？我的答案是两点：第一，微观上，我们要去深入挖掘企业的真正价值，尤其是评估它当下和未来的价值差；第二，宏观上，尽量让我们的投资少犯错，通过避免错误去接近概率优势解。

好了，到这儿，本书的核心题眼"价值生长"终于出来了。如何理解"价值"？这是一个非常宏大的问题，我们在这一个小小的"序"里是解释不清楚的。但是，有一个点，在这个序里必须阐明：企业的价值，是一点一点像生命一样长出来的，而且不同企业的生长周期会大有不同。比如，有些企业像灌木丛，天生长不大；有些企业像豆芽，生命周期特别短，七天就能实现一个轮回；有些企业像杉树，三十年才刚刚成材。一个好的投资者，要尽量去寻找杉树那样的投资标的，而不是天天追涨杀跌，投豆芽、灌木丛这样的企业，做这样的投资，真的太累了。

所以，做投资，要做行动上的懒人，大巧若拙，思维上则相反，要勤思多想，寻求概率优势。也正是这个原因，我们会看到最好的价值投资者，比如巴菲特、芒格、段永平，等等，在生活上看着都好像是"懒人"，在武侠小说里，这样的人，都像风清扬一样，个个仙风道骨，逍遥世间，看上去懒散却有力，看上去笨拙却有本事。

当然，我离这些已经修道成功的"风清扬"还很远，没有十万八千里，也至少隔着个太平洋。我的这本书，也是我过去十几年来，从事投资生涯，不管是投资一级市场还是二级市场的一点心得，基本上源于过去几年我在"子皮商论"抖音号上以及我的"子皮专栏"上发布的一些思维碎片合集。

如果有几篇能让一些朋友有收获，我就已经欣慰至极了。最后，这本书能够出版，特别感谢磨铁出版公司的同事给予的大量帮助，也特别感谢我的妻子在过去三年中对我的支持。每一次出去度假，我经常都在"心不在焉"地思考投资的事情，没有她的支持，我想这本书也不可能完成。

2023年3月8日
于杭州

第一章　投资，是一切认知的映射

要改变世界，先给自己立法 / 002

普通人怎么改变自己固有的思维 / 005

要敢于赚认知以外的钱 / 008

认知与知识的区别 / 011

飞鸟，还是青蛙 / 014

求真，还是求美 / 017

结构之美，还是艺术之美 / 020

如何提出好问题 / 022

人追钱为什么难 / 024

最简单的成功方法论 / 026

为何成功者看起来像"浑球" / 029

怎么让别人信任你、喜欢你 / 031

婚姻是一次投资，更是一次创业 / 033

35岁，人生分水岭 / 035

现代人焦虑的根源 / 038

平静，平凡，平安 / 040

接受平凡，但不接受平庸 / 044

失败的必然性 / 046

第二章 投资，是企业经营的理解

创业的本质是创造 / 050

什么人适合创业 / 052

如何发现机会并低成本创业 / 055

商业计划书重要，也不重要 / 059

影响创业成功的最大变量是什么 / 063

这样的钱，要不要拿 / 065

创业，关系和背景重要吗 / 068

"要性"胜过一切 / 070

做商业世界的拓荒者 / 072

创业路，就是修行路 / 074

做老大，每天最需要练习的是什么 / 077

把公司当家的企业文化，靠谱吗 / 080

技术创业者的弱点 / 082

理想主义之恶 / 085

创业，要接地气 / 087

没有闭环能力的人，不能要 / 090

99% 与 1% 创业者的道路差异 / 093

要么大而强，要么小而美 / 095

创业者读什么书 / 098

第三章 投资，是价值生长的哲学

资本的本质是什么 / 102

价值投资者赚的是什么钱 / 107

生长型财富的源泉 / 109

投资是一种思维方式 / 112

投资与投机的真正区别 / 114

投资，不要有疆界 / 116

顶级投资人都像个"废人" / 118

真正的狙击手，很少有快感 / 120

创业者才是最好的投资人 / 122

散户的优势 / 124

不要押上全部资本去投资 / 127

永远不要失去本金 / 131

巴菲特底层的财富逻辑 / 136

巴菲特为什么不喜欢马斯克 / 140

像巴菲特一样活着 / 143

创投就是一场打金游戏 / 146

敢于投资伟大的公司 / 148

神不喜欢廉价的信号 / 150

第四章 投资,是商业逻辑的思辨

不看好奢侈品经济 / 154

我为什么不看好元宇宙 / 157

江湖,不一定非要你死我活 / 160

共享经济的秘密 / 164

跟水相关的生意都是好生意 / 168

D出行公司的资本游戏 / 172

知识社区的商业潜力大吗 / 176

新消费该怎么投 / 178

N视频播放平台的想象空间 / 187

M科技公司专题(上):手机高端化,为什么走得那么难 / 191

M科技公司专题(下):雷军,能否突破第二增长曲线 / 202

健康体检,是条好赛道吗 / 210

路遥知马力 / 215

什么是顶层思维 / 222

C高新技术公司,增长性和确定性都没了 / 227

究竟什么是投资 / 236

第五章 投资,是活在未来的洞察

当我们研究趋势时,研究的是什么 / 242
做投资最好的时代,也是最坏的时代 / 252
价值投资的本质 / 259
一个隐秘的真相 / 266
世界变天的速度在加快 / 273
意味深长的两个关键词 / 276
为什么看好中老年群体市场 / 278
为什么说农业存在大机会 / 281
数字新基建的趋势 / 283
下一代人的新消费品牌 / 286
中国制造,能不能超越物美价廉 / 294
顶层思维做投资 / 298
人类的下一代智能硬件是什么 / 301
碳中和,是个大事情 / 303
世界正在进入碳本位时代 / 308
风险资本的分岔口 / 312
下一代技术革命会在哪里 / 318
向前,向前,向前 / 322

后 记 / 327

第一章 投资，
是一切认知的映射

要改变世界，先给自己立法

首先给大家讲一个故事，这个故事来自纪录片《地球脉动》的第一季第八集。

在热带雨林中，只有2%的太阳光能照射到地面。所以，新的小树苗在地面上要非常努力地生长，才会有出头之日。有一天，一棵大树突然轰然倒下，终于露出了一片阳光普照的空地，于是，这就给了无数的各类种子在这片空地上生长、竞争的机会。

有一种叫血桐的植物，所采用的竞争策略是拼命地快速生长，通过迅速扩大叶子的面积，竭力吸收阳光来竞争。还有一类是藤蔓，它们的策略是迅速长长，然后通过缠绕附近的树枝去争夺阳光。最后一类叫硬木，这种植物的种子发芽快，但是它稳扎稳打。

大家猜猜，谁才是终极赢家呢？

纪录片记录了这个过程。善始者众，善终者寡。四年后，空隙被完全填满，很多植物都倒下了，只有硬木生长到几十米，笑傲群雄，而且它还可以继续在这片森林的顶端沐浴阳光两百年！

这个故事是整个《地球脉动》纪录片中我最喜欢的一集。因为它就是一个活脱脱的现代版初创公司在残酷商业竞争下的生动故事。做企业也一样，你是要做追求短期回报的血桐，亦步亦趋的跟随者藤蔓，还是坚守大格局但长期孤独、辛劳、稳扎稳打的硬木呢？做投资也是一样，你是崇尚利用市场情绪，玩反身性的价格投机，还是做长期坚守安全边际的价值投资者呢？

创业者要为自己立法，投资人要为自己立法，每一个有所追求的人都要给自己立法。每一种策略都是一个创始人的禀赋、性格所内生出来的，什么样的格局凸显什么样的立法。事实上，任何人要有一番成就，哪怕只是维系一个温馨和睦的三口之家，看起来似乎微不足道，但也需要立法。

在我的老家，曾经有一个大家族，叫江南第一家，也就是郑氏家族。郑氏家族从南宋一直到明代中叶，十五世同居共食，和睦相处三百多年，数千人同吃一锅饭，出仕173人，无一贪渎，它得以维系的最大缘由是什么？是郑氏的168条家规《郑氏规范》。皓首穷经的科学家们，像张益唐那样，自律自强数十年，更是为自己的立法做了明证。

所以,任何人要想改变世界,先要给自己立法!你对世界的影响越大,就要为自己立法越多,无人能够避就。

普通人怎么改变自己固有的思维

有粉丝不断私信我，问：普通人该怎么改变自己固有的思维？

首先，我不认为一个人的思维是天生固化且不可改变的。有些人天资聪颖，悟性会高点，有些人会愚钝点，但并不代表是不能学习的，但是要改变自己固有的思维，你首先必须要把自己的心灵打开，也就是你愿不愿意放下自己，愿不愿意有空杯心态，这点其实并不容易。我在做投资的十多年里，经常会见到一些有着刺猬心态的创业者。什么是刺猬心态呢？就是他的项目你是不能挑战的，不能质疑的，你只要说他不好，他就像刺猬一样跳起来扎你，这就很讨厌了。大家都知道，一家公司的天花板往往就是由创始人的格局决定的，如果一个人的思维是封闭的，那么这家公司的成长空间也就到头了。

其次，要改变自己的思维，你一定要找高手过招，找那些无论是在思想层次还是人生境界上都比你高一些维度的人。很多人就说了，那些厉害的人也不会跟我交朋友啊，也不会指点我。这个思维就又是一个自我设限的问题了。

第一，最核心的还是你有多大的诚意去请教，一次不行两次，两次不行二十次呢？第二，你愿不愿拿出真金白银去讨教呢？你想要获得，但又不愿意付出，那么换位思考，别人为什么要指点你呢？

前几天，我见了一个年收入过亿的创业者，小学毕业。聊到最后，我问了他一个问题，我说，客观讲，现在以你这样的背景能打拼到这样的规模很不容易了，你是怎么成长起来的？他跟我说，过去十几年他就只有一招——不断地找比自己强很多的人，然后给他们送礼送钱，跟他们结交做朋友。这一招看上去土爆了，但是他的底层思维是没有问题的，因为他永远在结交牛人，突破自己，升级自己。

又有人问了，我有社交恐惧症，实在不会跟人打交道怎么办？不用担心，很多人有这个问题，坦白说，我就是一个有轻微社交障碍的人，这类人都有一个问题——比较宅。但是也不要紧，我们在社交上不是很擅长，但是这并不妨碍我们的阅读能力啊。人类历史上总共诞生过一千多亿人，但是真正在思想史上千古留名的，不会超过千人，也就是说，如果你足够勤奋，在你所处的领域，通过书籍，跟人类史上顶级的高人对话和交朋友是毫无问题的。

换个角度说,把时间尺度拉大,人类的一千年,也就是宇宙的沧海一粟,你跟柏拉图、老子、薛定谔还是在同一个历史维度的,差别并不大。所以,有一些人说,我经常找不到朋友,是的,你的朋友笛卡儿可能当年也是这么感慨的,于是有思想的人都写下了书籍,就是为了通过时间的长河来找到那个能读懂自己的人。历史上发生过很多次,一个千年以后的人,被一个千年以前的人启发滋养了,然后创造出了一个全新的世界。所以,你没有朋友,很有可能是因为你的朋友在三百年前,或者一千年之后。在宇宙的时间长河中,这点时间不过就相当于昨天和明天。

至此,要如何改变自己的固有思维?——谦卑地放下,找高人思辨,要么在现实中,要么在历史的长河中,去阅读他、聆听他、思辨他。

要敢于赚认知以外的钱

"人永远赚不了认知以外的钱。"这句话不知道是谁说的,但可悲的是,现在快成了金科玉律。

可是,又有多少人想过这句话背后其实有很大的逻辑漏洞呢?任何未经审视的观点,都很可能会把我们带到沟里去。

我认为,人除了要赚认知以内的钱,一定还要敢于赚认知以外的钱!

为什么?赚认知以内的钱,是你应得的,这就是你的认知变现,是你该赚到的钱;但是,认知以外的钱,是你拓展边界、敢于冒险赚来的超额收益。有意思的是,财富往往会特别偏爱那些敢于冒险的人、敢于拓展未知的人,认知以外的收益有可能大大超出你的想象。

最有说服力的例子，就是哥伦布。15世纪的哥伦布要去东方印度寻找黄金，可他的认知完全是错的，他认为最快到达印度的路线是横渡大西洋，最后因为这个美丽的认知错误，反倒是找到一块新大陆，正是因为他至死都相信自己到的美洲是印度，所以才把当地人叫作"印第安人"。

我是一个风险投资人，可以说风险投资这个生意的最大魅力，就在于和哥伦布一样，你知道为什么而出发，但是你最终赚来的巨大回报，有时候还真不一定是你一开始就能完全预见的。我甚至可以很负责任地告诉大家，没有一个风险投资人敢说他赚来的钱，百分之百是因为自己的认知所得来的。风险投资（Venture Capital）发源于美国硅谷，就是告诉世界，伟大的创新、伟大的企业，都需要去探索、去冒险。

很遗憾，很多探索和冒险就是在认知以外发生的。

不仅仅是风险投资，创业也是一样。马化腾在二十多年前，差点100万元卖掉QQ，腾讯股价一路上涨的过程中，他也一路在卖，创始人对自己的企业价值都不敢说有百分之百的认知。

伟大的东西都是长出来的，而不是设计出来的，既然是长出来的，很多就不大可能会被认识到。这个世界的真正魅力在于不可知，但是你却相信。在阿里巴巴赚到大钱的人，都不是那些认知最清楚的人，反而是那些最相信马云的人。

所以，人永远赚不了认知以外的钱，这句话是有严重问题的。恰恰相反，我认为人赚得了认知以外的钱，并且我觉得每个人都要敢于尝试那些在你认知以外的东西，拿出 5% ~ 10% 的资金或者时间去投资、去体验，这并不是你不能承受的。还是那句话，认知以内的钱是你应得的，认知以外的钱是超额收益，它靠的不是运气，而是你的勇气、你的信心！

认知与知识的区别

我有一个偏见,不能转化成认知的知识不是好知识,不能变现的认知不是好认知。

举个例子,水在零摄氏度以下会结成冰,这是个非常简单的知识,但是有人用冰块来保鲜,这就变成了一种认知!还没完,一般冰块只会在冬天才有,但是有人却千方百计地在夏天也搞出了冰块,并且把冰块批量地卖给了商店,这就成了认知的变现。

你看同一个知识,有人纯粹把它看成知识,有人把它变成了认知,而有人更是把认知变现成商业价值。

所以看出区别了吗?知识是一种静态的东西,我称之为"客观死",但是认知是一种动态的东西,我称之为"主观活"!一个没有任何动作,一个开始有动作;一个没有应用,一个有应用。如果场景应用对了能变现,就成了好认知;如果场景应用错了没法变现，就不是一种好认知，或者虽然认知错了，但起码活用了知识。

还没完，更有意思的事情发生了。知识本身是不会进化的，它等着被人发现，但是认知是会进化的，它能自我繁衍，还能自我生长！

20世纪，一个完全不懂化肥的农民和一个很懂化肥的农民进行竞争，那么认知到化肥非常重要的农民一定会胜出。但是过了一百多年后，认知到化肥重要的人已经没有任何优势了，现代的农民可能要去认知大数据农业和智慧农业了。

所以，对于这一条我想说的是，财富跟知识其实没有正向关系。你再才高八斗、学富五车，如果单论与财富的关系，有时候知识反而是减分项。因为无论是做投资还是做企业，商业只跟认知有关。即使你赚了认知以外的钱，客观上还是赚了认知的钱，而不是赚了知识的钱。

之前说过，"人赚不了认知以外的钱"是错的，一个人赚认知以内的钱是应得的，赚认知以外的钱是超额收益，它靠的不是运气，而是靠冒险、探索未知，以及敢于创新的勇气。所以认知的进化，就是靠不断地拓展认知边界而产生的。

到这里大家就知道了，书呆子是赚不到钱的。你可以跟书呆子交朋友，但别指望跟着书呆子能赚到钱。很多人一年365天看1000本书，走马观花地看，还玩什么记忆速成法，有意义吗？我们读书，知识是不是系统化、碎片化的并不是第一性的，第一性是我们通过学习能不能形成自己的认知，能不能形成自己认知体系的一块拼图！

我们古人说：尽信书不如无书！就是告诉你，当你天天读书，如果读到的只是知识，没办法转化成自己的认知时，这样读书，还不如不读。当然，大家也不要把这条当作自己偷懒、不肯读书的理由，认知的迭代是一辈子的事，读书依然是我们提高认知最好的方法之一。

飞鸟，还是青蛙

2020年2月28日，数学物理学家弗里曼·戴森去世。我想跟大家分享一下这位杰出数学家生前的一个观点，这个观点来自他的一篇演讲《飞鸟与青蛙》。

他说，有些数学家是鸟，有些却是青蛙。鸟，翱翔在高高的天空，总是企图用一个理论统一我们的思想，并且将不同领域的诸多问题整合起来；而青蛙生活在天空下的泥地里，只看到周围生长的花，他们乐于探索特定问题的细节，一次乃至一生只解决一个问题。

显然，用这个标准去衡量，爱因斯坦绝对是一只飞鸟，而且可能是人类历史上飞得最高的鸟，因为他一生擅长用跨界思维整合资源，一生立志于探讨大一统的理论。这样的鸟还有很多，比如笛卡儿、希尔伯特、杨振宁，等等。而像培根、居里夫人、法拉第、孟德尔这些人都是青蛙，他们一生只想弄清楚一个问题，在某个点上比谁都理解得更深刻。

谁好谁坏呢？弗里曼·戴森说，数学既丰富又美丽，鸟赋予了数学辽阔壮观的远景，青蛙则澄清了错综复杂的细节。数学是伟大的艺术，也是重要的科学，如果谁声称鸟比青蛙更好，是因为鸟看得更远，或者青蛙比鸟更好，是因为青蛙更加深刻，那么这些都是愚蠢的见解。数学世界，既辽阔又深刻，我们需要鸟和青蛙协同努力来探索。

这段话讲得太好了，我反复读了好几遍。在商业世界其实也是一样的。投资人更像是鸟，因为他比创业者见过更多的项目、更多的商业模式，他的大数据样本和跨界能力是这个职业得天独厚的优势，但是具体到某个领域时，他的纵深能力就会捉襟见肘；而创业者更像青蛙，大多数创业者深陷在自己的一亩三分地，低头拉车，他对自己的行业了如指掌，纵向挖掘足够深，但对商业的横向底层逻辑却并不精通。

更进一步讲，投资人里又会分化出鸟和青蛙，有些投资人喜欢研究普适的商业底层，总幻想用一个或几个模型去涵盖商业世界所有的本质规律；而有些投资人则只喜欢深度研究一个产业，老老实实看深看透一个领域，以此建立强大的个人护城河。创业者也一样，有些创业者更像鸟，成天想着做平台，试图用一个体系构建自己的生态帝国；而有些创业者更像青蛙，只想做好自己的这一个细分领域，守好本分，十年如一日地精进再精进。再进一步，大到国家还是如此。日本这样的国家，有点偏向于做青蛙，执着于工匠精神；而美国这样的国家显然更倾向于做飞鸟，他们国家的精神图腾都是一只飞鹰。

　　谁好谁坏呢？没有好坏之分。就像弗里曼说的，这个世界鸟和青蛙缺一不可，共生共存。不过，我特别想总结的是：第一，一个人要尽快找到自我，你究竟更倾向于当飞鸟还是当青蛙？认清自己是特别重要的一件事；第二，在自己的天赋上要竭尽所能发挥自己的天分，而不要先想着去弥补短板，老天爷给你长处是让你用的，不是让你收起来；第三，客观清醒地认识到自己的不足，融入一个体系里去，让体系来弥补自己的不足可能是比较不错的方法，而这个体系往往是一个团队、一个组织。

　　朋友，那么你是飞鸟，还是青蛙？

求真,还是求美

伟大的数学家、物理学家赫尔曼·外尔有一句经典名言:我的工作总是努力将真与美统一起来,但是如果只能选择其一的话,那么,我选择美。这句话是极具力量的,可以说,在很多伟大的科学家面前,当真和美同时摆在面前的时候,人类智慧的代表们都倾向于选择美。说这句话我有依据吗?有。当广义相对论最后成功解释天体现象的时候,有人问爱因斯坦,假如你观测到的现象和你的理论有不同的时候,你会怎么想?爱因斯坦说,我会替造物者惋惜,居然不懂得用这么漂亮的理论。

你听听,爱因斯坦已经自信甚至膨胀到什么程度了,他都敢教造物主做事了。他凭什么敢指导造物主?数学之美!爱因斯坦后来多次对外讲到,数学的美是很重要的,甚至比实践还重要。这个观点跟外尔不谋而合。还有伟大的狄拉克,1933年的诺贝尔物理学奖得主,也曾超凡脱俗地说:这个结果太美了,以至于不可能是假的，使一个方程具有美感比使它去符合实验更为重要。你看，当美和实验结果相比的时候，狄拉克选的也是美！还要再举例吗？不用了吧。所以，一个结论就是：在数学家、物理学家面前，求美比求真更重要！

商业世界恰恰相反。对于真正的创业者和企业家来说，求真远比求美来得重要！商业是一门具象的实战学科，是必须对结果负责的，真相比一切都重要。过去十年，如果非要让我总结一个真正的创业者最核心的素质，我不会选择勇气，不会选择抗压，也不会选择洞见，我会选择求真！理性求真的另一个通俗版本，就是我们常说的实事求是。挖掘真相，直面真相，迎击真相，是一个创业者最大的荣光。

但是，有个可怕的问题是：这个世界上有真正的真实吗？真实能够一探究竟吗？这是一个好问题，但可惜已经到哲学层面了。在哲学层面上，我认可世界永无真相，受限于我们的感官失真，主客观问题永远交织在一起，是没有真实可言的。但是，从现实主义层面看，无限接近真实、解决真实，就是创业者的本职，而解决真实的过程，就是求存的过程。所以，独立学者王东岳有个观点我很喜欢，他说人类与其说在求真，倒不如说是在求存。

创业，就是一个不断求真、不断求存的过程。理解了这个本质，我们就理解了为什么艺术家出身、过于追求完美主义的产品经理以及文艺范过浓的人很难创好业，因为创业不是求美，而是求真。一个创业者,有审美能力是加分的,但不是主要的。

除了创业,还有什么职业是求真大过求美呢?显然,投资这个行业也是如此。

结构之美,还是艺术之美

2020年我看了两部国产剧,原作者都是紫金陈,一部是《沉默的真相》,一部是《隐秘的角落》,我觉得都非常好,可以说是国产剧的巅峰。之后我对紫金陈这个人产生了兴趣,于是,我就去看了紫金陈的小说,发现紫金陈的小说叙事能力非常强大。

一部好的小说,一部伟大的作品,真正重要的东西是什么?结构之美,立意之美,这八个字太重要了!

我小时候有过作家梦,研究过一点人文哲学;上大学后有段时间我对兵法感兴趣,又去研究了一段时间军事哲学;直到毕业我去创业和做投资,研究商业,到现在跨了这么多领域,我发现无论是文字,是军事,还是商业,都有结构之美、立意之美!

高水平作家的核心能力就在于布局和立意,高水平军事家的核心能力也是布局和立意,高水平企业家的核心能力还是布局和立意。布的是什么？是结构，是模式。立的是什么？是意志，是想象。

我们以电商公司为例。它有个打法是，先野蛮生长，再精耕细作。在电商企业家的商业哲学里，过度追求完美是一种苛责。对商业来说，"60分万岁是个好哲学"，这是典型的MVP（Minimum Viable Product，最小化可行产品）思想。所以你会发现，这种打法就是典型的重结构、轻艺术，它的整个结构布局是非常到位的，尤其在社交化、游戏化运营这件事情上，他们的结构体系一定是最强悍的。电商的细节他们即使到现在做得也不算好，但这些细节并不影响其壮大。

在商界，甚至在艺术界，我个人认为理工科出身的人会有一些优势。不光是因为他们的逻辑性和情绪稳定性，更是因为他们的结构之美会比非理工科的人要好。再看紫金陈，毕业于浙江大学水利工程专业，刘慈欣毕业于华北水利水电大学水利工程系，连所学专业都是一样的。

所以，做投资，我们是寻找追求结构之美的创业者，还是追求艺术之美的创业者，你有感觉了吗？

如何提出好问题

提出一个好问题，有时候比答案本身更重要，因为有时候，这个世界的答案就蕴含在问题里面。所以，当我们发现真问题，提出核心问题的时候，就是我们发现真相、获取解决方案的时候。但是很遗憾，我发现很多创业者、投资人都很少有提出好问题的能力。

什么样的问题才算得上一个好问题？我认为主要有四个方面。

第一，问题最好只有一句话。问题本身必须要有足够的凝练性，能聚焦到你最想要了解和明白的事情上。关键词是"最"，把问题锁定在事情的本质上，比如为什么、是什么、最什么。当你阐述问题都要半天的时候，往往别人也弄不清楚你想要问什么，最后反而也不会得到一个好的答案。

第二，问题不能带入自己的主观判断。一个倾向性非常明显的问题不是问题,而是在给自己的观点找认同,这种探讨是没有启发性的。

第三,换一个立场、换一个视角看问题。我举个例子,某个销售人员一直没有好业绩,第一个人问他:你的推销方式是不是有问题?第二个人问他:你的客户到底想要什么?大家发现了吗?一个是从自我的角度看世界,另一个是从用户的角度看世界。通过不同角度看世界,所看到的问题有时是完全不一样的。通过当事人的视角、用户的视角、对手的视角以及高层的视角,看待的事物是同一个,但提出的问题可能完全不一样。

第四,面向未来提问。当我们预感到问题的时候,往往事情已经发生了,当我们总抓着过去不放,其实并不利于解决问题。商业是极致的现实主义,我们必须基于未来去思考,接下来该怎么做?如果事情没发生,我们本来要怎么做?

作为一个投资人,我每天要问创业者大量的问题,反过来也有大量的创业者向我咨询问题。这四点经验,希望能就如何提出好问题给大家一些启发。

还是那句话,好问题是好答案的前提,甚至就是答案本身。

人追钱为什么难

有句话说得好,钱追人容易,人追钱很难。难在哪里?因为人追钱是反人性的事情。人追钱,就是我要钱,你发现没有,当我们说我要什么的时候,没有一个东西是能轻松得到的。比如一个男人说,我要一个美女,那么他就得追美女,然后他就会发现,追美女实在太累了。于是,我们只能反过来想,那怎么样才能让"美女"追我们呢?追美女和美女追我有什么重大区别吗?有,一个是我要,一个是她要。

如果我们上面的推理是对的,那么现在的问题只变成了一个:"我"怎么样才能让"钱"需要"我","我"怎么样才能让美女需要"我"呢?

问题即答案,就三个字:被需要。但凡我们要一个东西,那就得让那个东西也需要我。思维一定要反着来。巴菲特的搭档查理·芒格有句非常智慧的话,他说:当你要一个东西的时候,首先你得配得上它。所以,当你很想要一个东西,但你不顾它需不需要你,然后还硬要,这就是人生悲剧的开始。

那些非常无聊的爱情剧吵吵闹闹,底层就是这么个逻辑,如果这个逻辑男孩女孩们都想通了,"情感编剧"都得失业。

好了,现在我再问你,为什么我们还没赚到钱?答案是什么?因为还配不上!有人说,是不是我不够努力?不一定。巴顿的炊事员当了二十年炊事员,非常努力,但还是炊事员,为什么?是因为我们的价值还不够,是因为我们的贡献还不够,是因为我们的实力还不够,还是回到那两个字:不配。

扎心吗?扎心就对了。

最简单的成功方法论

一个人在这个社会能否成功,到底取决于什么?巴菲特认为:品行、头脑和勤奋,但最重要的还是品行!

那么,什么才算得上好品行呢?巴菲特说,来,大家先一起做个小游戏。

假设你还是一名学生,那么应该很了解自己班里的同学了,如果你现在可以选一个同学投资他,回报是你能获得他今后一生之中 10% 的收入,请你仔细想想,你会选班里的哪位同学?这里有一个限制条件,你不能选富二代,只能选靠自己奋斗的人。

你会选班里智商最高的那个吗?未必。你会选考试成绩最高的那个吗?也未必。你会选班里最有拼劲的那个吗?也不一定。那么,你会把赌注押在谁的身上呢?巴菲特说,你可能会选让你最有认同感的那个人。所以,什么是好品行呢?很简单,找到班里那位最让你认同、最让你钦佩不已的同学,想一想他身上有哪些优秀的品质,拿一张纸出来,将它写在纸的左边。

好,下面加大难度。为了拥有这位同学今后一生10%的收入,你还要同时做空另一位同学今后一生10%的收入,这个更好玩,想想你会做空谁?你一定不会选智商最低的,你会想到那些招人烦的,他们可能学习成绩优秀,但是你就是不想和他们打交道,不但你烦他们,而且班里其他人也烦他们。为什么有人会招人烦呢?原因很多,比如自私自利、投机取巧、弄虚作假等。先不去管他们,类似这样的品质,你想想还有什么,然后通通把这些写在刚才那张纸的右边。

当你把左右两列的品质全部列出来之后,你会发现,左边的好品质,只要你想获得,没有一个是你不能得到的,而右边的那些坏品质,你身上要是有,想改的话,趁现在年轻也还能改。你如果也想成为受人尊敬的人,那么就要向你认同的人学习,把左边的这些好品质变成自己的。最后,你一方面变成了一个更为厉害的自己,确定性地拥有了自己100%的收入,另一方面还拥有了一个你最佩服的人10%的收入,这是件多开心的事情。

这个游戏看上去只是一个简单的思想实验,但是你会发现巴菲特背后深刻的智慧。一个人想要在这个世界成功,不需要让那些鸡汤文、成功学导师告诉你什么是对的,归根结底就四个字:见贤思齐。把你身边优秀的人看一遍,学学他们身上最让你佩服的品质，然后再看看你身边不靠谱的人，改掉跟他们身上一样的臭毛病，那么你就能变得很厉害了。如果你还能有心地跟你最佩服的同学绑在一起，不管是一起工作，还是合伙创业，那这辈子你还能差到哪儿去呢？

那么，这个游戏的出处来自哪里呢？来自巴菲特1998年10月15日在佛罗里达大学的一次演讲。这个演讲我个人认为是巴菲特一生中最为经典的一次演讲。在长达一个多小时的演讲中，68岁的巴菲特精力充沛、风趣幽默，很多观点时隔二十多年依然独特、依然经典。所以，我为什么一直推崇老巴呢？第一，时间证明了他的经典性，而经典永不过时，经典的东西要反复看；第二，巴菲特的智慧大巧若拙、大智若愚，看上去很不起眼的一招一式却非常管用。

为何成功者看起来像"浑球"

越成功的人,看起来越像个浑球,这点你发现了吗?读《巴菲特之道》,你会发现巴菲特对他的三个子女特别狠,几乎一毛不拔。亿万富翁巴菲特,自己的女儿求助他买个彩电,他都不愿意;乔布斯的脾气反复无常,性格暴躁,经常大骂他的员工;马斯克的无情无义在硅谷也是出了名的,很多老员工为他兢兢业业工作,但如果被他判定为不行,他会毫不犹豫把他们像垃圾一样扔掉。巴菲特不喜欢马斯克,马斯克也不喜欢巴菲特,但是最后你会发现,其实他们是一路人。

"孤独大脑"公众号的作者老喻总结说,最成功的人,浑球思维恰恰就是他们这帮人的秘密武器。

在他看来,浑球们不欺骗自己,做事不管不顾,敢于死磕,没心没肺,得益于这些看似很没道理的缺点,他们反而拥有了某种"超级理性"。老喻还总结了一套浑球思维。什么是浑球思维呢？①从不维护自己的正确；②从不在乎别人的评价；③从不受制于他人的情感波动；④从不忌讳残忍的坦诚；⑤从不同情自己的遭遇；⑥从不停止疯狂的探索；⑦永远追寻伟大的意义。

这7条老喻总结得太棒了。不过，我想借他的这个观点再往下挖一刀，在这7条浑球思维的背后，它们的统一性又是什么呢？我总结为一句话：对于一心想追求伟大成功的人，就像夸父追日，他的心里只有目标，他的世界只有太阳，为了这个伟大乃至荒唐的目标，一切情面、虚假、套话、伪装必须全部干掉，只有事实，只有正确，只有向前，向前，向前！

最后，我想说的是，浑球思维很牛，但还是要注意两个要点：第一，看起来浑球，但不是真浑球；第二，任何理论只在一定范围内有效，浑球思维只适用于比较自由的市场经济领域。如果滥用浑球思维，会死得很惨。

怎么让别人信任你、喜欢你

怎么让身边的人信任你,这是个非常重要的问题。信任是一切的基础,一旦身边的人不信任你了,很多事情就没办法做了。要让对方信任你,有四点是必须要做到的。

第一,可信。要让对方认为你是专业的,在你所处的领域你才是专家。当问到你的专业领域时,必须能及时反应,及时给予深刻的见解,还能给出落地方案。第二,可靠。你向别人承诺的事情,你能按时保质保量做成,言行一致。第三,真诚。不弄虚作假,不藏着掖着,能真心实意地跟同事、伙伴沟通工作和生活上的事情,有问题说问题,有困难说困难。第四,团队意识。你是为了一己之私,还是为了我们项目、组织的共同利益?当一个人在合作时总想着自己,一味给自己牟利,不考虑共赢的时候,很快,别人都会提防着你。一个不会换位思考的人,一定是会被你的伙伴们处处设防的,到最后你每说一句话,大家都会想,你是不是又在给自己算计什么小九九了。一旦到了这个层面,你跟任何人之间的信任关系，说实话，都很难建立起来。

为了便于记忆，给大家做个公式吧：信任 =（可信度 + 可靠度 + 真诚度）/ 自私度。记住，一个人的自私程度跟他受信任的程度是成反比的。

除了让别人信任你，第二个重要的事情，就是能让别人喜欢你，但说实话这个其实很难。有些人天生就受人喜欢，有些人就不行。怎么让别人喜欢你？我认为第一件事就是，不要让所有人都喜欢你。如果人人喜欢你，迟早会有一天人人不喜欢你。大家想想，连老天爷都天天被人骂，都没办法让每个人喜欢，何况我们普通人呢？在商业上，我们当然都希望我们的产品人人都喜欢，但你一旦为了人人都喜欢而去设计功能，那铁定完蛋。第二件事，要让别人喜欢你，首先要确定你喜欢哪些人，你爱哪些人，你愿意为哪些人服务、奉献并倾尽所有。

这个世界有时很神奇，当你想让一个讨厌你的人喜欢你，你首先要发自内心地欣赏他、喜欢他，这种喜欢的能量场他是会感受到的。反过来，当你骨子里不喜欢一个人、讨厌一群人，那么这个人、这群人怎么样都很难喜欢你。我们可能难以无差别地爱众生，但是可以先选择爱一些人、爱一类人。

婚姻是一次投资,更是一次创业

我觉得,每个人的一生,都有四家企业,这四家企业分别是什么呢?第一,你出生的家庭;第二,你所在的国家;第三,你工作的公司;第四,你选择的婚姻。原生家庭和我们出生的国家,这两家企业是被动的,没法选,但是我们工作的公司和我们选择的婚姻,是自己能选的。所以,一个人一生当中,最大的主动性改变机会只有两家企业:你工作的公司和你选择的婚姻。

过去,没有人会把家庭当作一家企业,没有人会把爱人当作家庭合伙人、当作事业共同体。但是,结了婚的人会知道,你选的这个人就是你余生最大的合伙人,他要分享你的时间、你的财富、你的一切生活,如果选错了,万劫不复。有人会说,工作的公司会好一点,如果选错了,可以轻松换,但是换来换去,如果你没有成长、没有沉淀,到头来,虚耗的还是自己的人生。所以,工作从来不是为你的老板拼命、为你的公司拼命,而是为了自己的人生。天底下,谁又不是打工人呢?你以为老板不是吗?他也无非是在给自己的股东、员工、客户打工罢了，只是更劳心劳力。

我们很多人说，工作是工作，生活是生活。这句话其实是可笑的。一个人的一生，工作占了我们50%以上的时间，如果否认工作是生活，那么我们的人生难道50%的时间都在浪费生命吗？按照这个观点，结了婚的人都知道，家庭生活反而更像工作，因为你要维持这个家庭的运转，爱人的情绪，孩子的教育，生活的开支……多少人下班后躲在车里迟迟不想上楼？你以为回家了，就是生活了？

所以，朋友们，认清这个世界的真相吧，工作就是生活，生活也是工作。我们能把握自己命运的两家企业，就是我们经营的家庭和工作的公司。你选择什么样的伴侣，就是选择什么样的合伙人；你选择什么样的工作，就是选择什么样的生活。婚姻是每个人一生当中最重要的投资，而家庭是我们每个人最了不起的一次创业，它需要经营、需要呵护。工作呢，也是一样，你每一次的选择就是一场投资，也是你个人的一次创业。

好好对待自己的婚姻、工作吧，这是我们对自己最大的责任。

35岁，人生分水岭

大家有没有发现一个现象，同一代人，在30岁之前我们的差距都不大，不管是收入也好，地位也好，但是一旦到了35岁以后，很神奇，人与人的差距就会越来越大。这个差距瞬间就会拉到10倍、20倍，甚至百倍、千倍，这是为什么呢？这里面究竟发生了什么样的变化，会让人与人之间的差距变得那么大？

这类问题很多人都研究过，我也听到过很多的答案，比如有人说是能力，有人说是天赋，还有人说是家庭背景。最后，一定会有人开始扯一命二运三风水。

这些是不是原因呢？我觉得都是，但总觉得都不是第一性的东西，而且如果你一上来就扯家庭背景，拼天赋异禀，拼命运定数，那这个话题直接就没有讨论的必要了。所以，我们限定下前提，我们讨论的是同等家庭条件、同等能力条件（包含智商）下的普通人，为什么到了35岁之后，人与人之间的差距就变得越来越大了呢？背后的原因是什么？这是一个很大的课题，如果真要做研究，估计可以写一篇社会学论文了。我先抛砖引玉，直接说我的一点观察性结论。

我观察到的，可能跟两个东西直接相关：一个是人生的选择，一个是时代的势能。

我创业、投资十多年，感受最深的，就是一句经典的鸡汤：选择远远大于努力。

俗话说"男怕入错行，女怕嫁错郎"，老话是非常准确的。跟人生的不公平一样，商业的战场也是极度不公平的。不同的赛道，行业毛利率就是天差地别，有些行业赚钱的容易程度会让你惊掉下巴，但是有些行业，那个赚钱的艰辛程度就是要人半条命！不管很多做金融的再怎么矫情，金融行业赚钱就是比很多实体行业容易，所以同样两个人，刚毕业的前十年，你很难看出差异，但是到了十年、十五年之后，两个人的财富和地位开始出现差距，真的是因为他们的能力吗？不是，是行业的势能，是公司的势能。

这个势能一旦起来，它放大的效应是几十倍、几百倍，所以，哪怕你是这个行业、这个公司的一个小兵，也很难差到哪里去。

但是，行业的发展、公司的发展，还是会被一个重大的变量因子影响，就是时代的势能，尤其是国家的势能。有句话叫

"三十年河东,三十年河西",看上去再好的行业,如果时代势能变了,说不定一夜之间就没了,比如教育培训行业,是他们做得不好吗?并不是。早些年非常好的行业比如制造业,新中国第一代富豪就是靠制造业起来的,但是到了21世纪,这二十来年就越来越难。

现在,工业4.0、先进制造、供给侧改革、"专精特新"的制造业又迎来了历史上最好的机遇,同样一个行业,改革开放前二十年很香,中间二十年很痛苦,后面二十年又迎来生机,这就是时代大势能的威力!所以,这一篇我们本质上在聊什么?一个人要过好这一生,除了热爱自己的热爱,除了快乐着自己的快乐,一定也要审时度势,不要在人生的战略性问题上偷懒,你在任何问题上都可以偷懒,但是唯独不能在重大的方向性问题上偷懒。

什么是方向性问题?比如有关行业性质的,跟行业直接相关的职业问题;比如国家政策层面,什么是抑制的,什么是鼓励的。世界浩浩荡荡,人的生命活在当下,但是精神是活在未来的,希望大家不要只顾着低头,不要老觉得很多东西跟我没什么关系,眼下或许是没关系,但是十年之后,你就知道这个关系大了,但可惜,到那时候已经晚了。

现代人焦虑的根源

这个问题很多人肯定都想过。特别在科技创业圈,我敢说没有人身在其中却完全不焦虑的。按照王东岳的说法,现代人的焦虑源于现代哲学里的进步主义。而进步主义的背后是什么?是人类的竞争意识。

迈克尔·波特几十年前专门写了本书叫《竞争论》,他认为竞争是社会进步的必然产物,是不可避免的。事实上的确如此,现代的商业文明本质上就是竞争文明。一个浪潮过来没几年,下一个浪潮又要来了。3G 在很多地方才刚用上,发达地区已经嫌 4G 慢了,紧接着 5G 就要大规模普及,还没完,有些国家为了弯道超车,6G 又在研发的路上了……

所以,现代社会人们的真正焦虑是源于竞争性的学习型焦虑,而学习型焦虑的根源是科技发展太快!美国未来学家雷·库兹韦尔在《奇点临近》这本书的第二章,就提到了技术进化的加速回归定律。加速回归，通俗点讲就是技术的进步是越来越快的，呈指数级增长，一旦到了某一天，AI 智能得到质的飞跃性突破，在原来的 S 曲线增长上还会进一步呈指数增长，最后导致奇点爆发！

所以，最大的问题来了，人类的大脑是碳基生命通过亿万年的时间，慢慢演化过来的，这就造成了一个根本性矛盾：人类大脑的学习速度，越来越跟不上技术自进化的速度，碳基生命已经到达瓶颈了，我们进化得太慢了。你再怎么学，能跟得上未来机器智能进化的速度吗？可是，我们人类为什么还疲于奔命？因为现在的商业竞争，本质上还停留在人与人之间，只要我比你厉害一点，我就可以胜出。

但是抱歉，再过二十年、三十年呢？那时候的商业竞争，甚至国与国之间的竞争，很可能是人与 AI 的竞争，或者说人与 AI 结合起来的人机系统，对抗另一个人机系统，直到最后，变成 AI 与 AI 之间的竞争。

不过我的思考最终每次都会遇到一个悖论，一旦到了 AI 与 AI 之间的竞争阶段，那时候机器智能会意识到人类已经彻底没用了，那还要人干吗？商业的本质，就是人性的欲望纠缠，而人都不在了，人欲也就没有了，那么商业当然也就不存在了。所以，以我粗浅的推导，我认为，商业到最后为了自己的生存，一定会保护人类的原始欲望，于是科技最多发展到人机混合的文明结构，在这个阶段 AI 的水平会停留很久，因为再往前进一步，一旦完全突破人类智慧，我们碳基生命就要彻底结束了。

平静，平凡，平安

为什么我们现在年纪越大，幸福感却越来越弱？

有一段时间，实在有太多人跟我提到了这个话题。有粉丝朋友，有身边的人；有有钱人，也有没钱人；有创业的，也有打工的；有男的，也有女的；有结婚的，也有没结婚的。每个人都说自己的人生越过越没劲，年纪越大，幸福感变得越来越弱，不知道接下来自己该怎么办。看到了吗，这突然变成了一个普遍性问题。

那么，一个人该怎么保持满满的幸福感呢？这个问题我还真想过，也思考过很多年，现在的我，认为答案就三个词：平静，平凡，平安。幸福感，跟钱没有必然关系，当然，我们后面必须要跟一句废话：没钱，幸福感更无从谈起。所以，当我们有了正常的物质基础以后，更多时候，幸福主要跟我们的心理状态有关。

为什么我们现在大部分人的幸福感都特别弱呢？有三个主要原因。

第一，我们现代人几乎都很难做到平静，我说的是真正的平静。商业社会的最大问题，就是一切都在竞争，这就是个丛林社会。丛林社会，你说能平静吗？工作得竞争，创业得竞争，国家之间都得竞争，学习得竞争，恋爱得竞争，坐个地铁你还得竞争。晚上下班了，终于可以放松一把了吧，得，咱玩一局？可是，不管是玩"吃鸡"还是英雄联盟，游戏里依旧还是竞争。

我们现在所有的一切，大部分利益或者快感，都是靠竞争得来的。你几乎已经看不到什么东西是你不竞争就可以得到的了，大家都竞争得喘不过气来，每个人都很忙碌、很拼命、很"奋斗"，但是，我们却似乎没有以前那么快乐、那么幸福了。整个现代社会，不管东方西方，只要是商业世界，就都会有这些问题。

但是，生命的质量需要平静，生命的韧性需要平静，生命的幸福感也需要平静。让自己平静下来、心定下来，活得健康一点、长久一点，这是应对一切变化的根本。平静，是时间赐予的礼物，而活着，就是最大的幸福！

第二，我们现代人骨子里都迷恋强者。我们很少说向弱者学习，从来没有过！因为竞争的意识已经融入我们骨子里，所以，即使我们每个人明明都很平凡，但是我们依然迷恋那些卓尔不凡的人，比如富豪榜上的强者、体育竞技界的强者、王侯将相里的强者、科技狂人里的强者……自古以来，人类社会都不赞美弱者，否则，我们早就被淘汰了。所以，你做得再好，山的那一头，永远有一个人在等着你，哪怕你已经在山顶了，你还会提心吊胆，害怕掉下去。

我们明明都很普通，都很平凡，但是我们脑海里都有个声音：你不普通，你不平凡，你一定能出人头地！这种焦虑感，一直伴随在我们每一天的生活里。这样的生活，是不可能有幸福感的，我们对自己的期望太高了。

第三，人生的无常带给我们的不确定性。它会让你的幸福感像个气球一样，随时会漏气。你再幸福，保不准哪天会有飞来横祸。你没有，你的家人可能会有；你的家人没有，你的公司可能会有；你的公司没有，你的身体或许会出点事。

人生就是无常的，从理论上讲，每一分每一秒，你都可能会出现意外。即使你平淡无奇地走在马路上，说不定头顶上就会掉下来一把菜刀。对了，很遗憾地告诉你，你一定会死。有个人，是个天生的乐观派，他无欲无求，对什么的期望都很低，别人都说他傻人有傻福，他也每天傻乐傻乐的，大家都很羡慕他，但是有一天，他死了。是的，他再幸福还是会死，还是要与人生离死别。

所以，我只想提醒大家，幸福感这个东西永远是残缺的。这一秒有，下一秒就没了，今天有，明天可能就没了。它永远会漏气，但是，不用怕，我们现在知道它的生产原理了，就三点：让我们先平静下来；让我们承认自己的平凡；让我们祈福天下平安。

如果你不小心失去了幸福感，不妨按我的这个方法试试看，虽然做起来也不容易。如果你做到了，还是没有幸福感，好吧，没有就没有呗，你以为人生纯粹就是为了幸福感吗？嘿，有人说了，如果人这一生不是为了幸福、为了快乐，那人又是为了什么呢？抱歉，到这里，这个问题我已无法替你作答。

接受平凡,但不接受平庸

周国平说:人生有三次成长,一是发现自己不再是世界中心的时候;二是发现再怎么努力也无能为力的时候;三是接受自己的平凡并去享受平凡的时候。说得好啊。我觉得在商场上厮杀的创业者,也尤其适合这三句话。当我们刚开始创业的时候,以为自己能征服一切、能改变这个世界,认为"我"就是这个世界的中心,但在现实中,绝大多数时候,我们是在跟现实、跟用户的碰撞中去适应这个世界,然后一点点影响这个世界,能真正改变世界的地方可能连万分之一都不到。

我们做企业是为了取悦资本吗?我们做企业是为了一味地做大做强吗?我们做企业纯粹是为了赚钱吗?创业者的焦虑,多数时候都是因为过于膨胀的野心,而背后是什么?是不愿意接受平凡。

我们不愿意承认自己是不被资本青睐的,我们不愿意承认自己是做不大做不强的,我们不愿意承认自己的内心里除了钱以外其实还有其他的追求。野心要不要有?当然要有,否则我这个野心家背后的辅佐者,还能辅佐谁呢?但这个野心不一定是资本,不一定是做大做强,不一定是钱,那是什么?是"我"这家企业究竟为什么而存在?"我"可以做得小而美,不一定做得大而强,问题在于,我的产品能给这个世界带来什么?一个很平凡、很朴素的需求。接受平凡,其实就是接受自己,这也是一个寻找自己的过程。

但是,平凡绝不意味着平庸,绝不意味着得过且过、稀里糊涂地过一生。就像日本的寿司之神以及种了一辈子苹果的木村秋则一样,我开家小店也是创业,但我可以做到极致,我一生只会种苹果,但是我的苹果一口吃下去,会让你流眼泪。我在线下讲课的时候,也曾经无数次提过职业创业者概念,到最后,我说什么是真正的职业创业者,一句话就总结了:忠于自己的职业,忠于自己的内心,忠于自己的使命。

失败的必然性

大家有没有发现,越成功的人,你问他成功的秘诀是什么?99%的人都会回答:是运气!这里面当然有人家自谦的成分,但从另一个角度来说,获得成功,运气的确是很大的因素,可以说,越大的成功偶然性越大。

为什么?因为创业90%的时间都是走在错误的路上,或者即将通往错误的路上,错是常态,对是偶然。美国作家埃里克·莱斯所著的《精益创业》里有个词叫"试错",其实是不准确的,创业绝大多数时间,都是在"试对"!我有个比喻,创业就像走迷宫,在战争迷雾中摸索,你手上唯一的工具就是一根盲人棒,到处敲敲碰碰,会反省的人,知道走错了,就不走了,然后尝试走新的路;而从来不反思总结的人呢,就很容易迷失在这个迷宫里,兜兜转转永远也出不来,直到耗竭而死。所以,那些认错快、不断反省总结的人走出迷宫的概率就大,当然,这也不代表他就一定能走出迷宫。

十多年下来，我见过5000多个创业者，记录了很多案例，我发现，那些在早期创业摸索过程中随时认错、随时反省的人，明显比那些自以为是的人走出来的多得多！所以，认错是一门必修课，索罗斯把它总结为投资的易错性理论。说白了，无论是创业还是投资，都要求自己随时把脸凑到市场先生面前，随时准备认错，随时被它"打脸"。

失败是必然的，成功是偶然的，所幸的是，只要我们能有一次成功，不管你是误打误撞，还是通过规律性的"试对"试出来的，它都可以让我们活很久，甚至活很好。但是，放心，即使对，你也对不了太久，一般在互联网领域，一个模式能维持三五年成功就已经很了不起了！接下来，就又等着被打脸认错，然后"试对"下一条路径吧。创业就是这么周而复始，生老病死，就像我们的人生一样，借假修真，借死修生。

修行不正是我们永恒的主题吗？

第二章 投资，
是企业经营的理解

创业的本质是创造

一个价值投资者首先是一个创业者。

创业光有激情、血性是不够的,一场伟大的战争需要一个漫长的准备过程,创业的征程也是如此,但最重要的是要准备三件东西:人、钱和方向。所以,如果你真有心创业,就不要急于一时,可以先去创业氛围浓厚的公司历练。记住,大丈夫建功立业绝不是一日之功!

想要创业之前,一定要想清楚你是为什么而创业,想明白你是为何而战。你是为了生存、为了尊严、为了名誉,还是纯粹为了钱来创业。这些目的都没问题,但有一个问题你必须去思考:这个世界上什么东西才能支撑你走得更远?

不要为了创业而创业,而应是内心的召唤,是真正的热爱,是创造的激情,是从 0 到 1 的享受,驱动你去创业!相反,如果你只是试一试,只是觉得有趣、好玩,相信我,还是掐死这个让你一时冲动的念头吧,它会害死你。

创业本质上,是在创造一台商业模式机器,通过一个正向循环的现金流组织,给世界带来更高的社会价值,给人们创造更好的生活方式。这台机器是一个耗散结构系统,它需要不断地注入外部能量,但最重要的外部能量是创始人对这个世界的看法。

"大众创业,万众创新"只是一句口号,99%的人并不适合创业。记住,创业跟赚钱是两个概念,世界上有无数种方式可以让我们赚到钱,但是所有伟大的创业都跟一个词有关,那就是:创造!

什么人适合创业

走进创业的第一步,我认为首先要鉴定自己是不是一个创业者。如果不是,那就尽快回到属于自己的那个"萝卜坑",该怎样就怎样。创业只是门职业,没什么大不了,有些人适合,有些人不适合。适合的人没什么可庆幸的,不适合的也没什么可沮丧的,就像你明明喜欢画画,但非要让你弹钢琴一样。

那么,创业作为目前大热的职业之一,这门职业的匠人最核心的特质是什么呢?

我认为第一个特质,也是最核心的特质应该是痴迷于创造,或者说是痴迷于破坏。创业者通过重塑或发现一个事情来改变这个世界,只是受限于每个人改变这个世界的影响力半径罢了,或者反过来说,不愿意被现有世界改变,为了不被改变,倒不如自己来创立规则。所以关于第一个特质,咱们一定要扪心自问,千万不要自欺欺人,"我"究竟有没有一颗痴迷于创造或破坏的本心？

一个富有创造性的人，他对这个世界的看法是与众不同的，甚至是格格不入的。他看这个世界的任何事物都是陈旧的，他看不惯这个世界的一切迂腐，他认为这个世界有太多事情可以被重塑、被改变，而改变必然意味着破坏。如果你骨子里对于任何既定的事物都觉得是完美的，不敢求变只求安稳，对于既定规则循规蹈矩，我大概率判断你并不适合创业。因为，创业是一个创造的游戏。

第二个特质，有大无畏的冒险精神。创造的世界是一个充满不确定性的世界，这里的每一步改变，每一次试错，每一个决策，每一个选择，都意味着风险，所以这是一个机会成本很高的地方。绝大多数人不愿意去改变，绝大多数人是风险厌恶者，而喜欢创业、愿意创业的人却拥抱风险、敢于尝试，即使有大的牺牲，或者机会成本，也愿意去承担。比如本来能保研，不去了；能去斯坦福，不去了；拿到百万年薪的 offer，不去了；要创业女朋友说分手就分了……如果你内心是一个风险厌恶者，从来不敢去触碰禁忌，害怕一切不确定的事物，对改变极其抗拒，那我觉得你也不适合创业。因为，创业是一个冒险的游戏。

第三个特质，喜欢解决问题，从不抱怨，从不回避现实。一步一步地遇见困难并解决困难，是任何想创业的人所必需的品质，特别是在稍有机会就能快速涌出几十家乃至上百家竞品的中国。

强悍的执行力、解决问题的能力已经成为创业者的必备素质了。对于拖延症患者、空想主义者、爱抱怨发牢骚者、总喜欢逃避现实的人来说,创业会成为他所有人性弊病的显微镜,短时间内能将他一切弱点暴露出来,然后一点点把他击倒,直到他心理崩溃。所以,创业也是一个打怪的游戏。

以上只是非常基础的三点,如果你对照后发现自己基本符合,那么至少你具备创业这个职业的基本素养了。

如何发现机会并低成本创业

确认自己的本我是不是一个创业者是第一重要的事情,而第二重要的事情,就是要去发现这个世界有什么事情是值得自己奋不顾身去做的,要去确立自己所热爱的事业。注意,我的关键词是"事业",不是纯粹的"工作"。对于多数人来说,工作就是为了养家糊口、混口饭吃,而对于创业者来说,创业不光是自己喜欢的一个职业,而且是真的希望把它作为自己的事业,绝不仅仅是为了钱。

那么,如何寻找改变这个世界的机会,以及创造或破坏这个旧秩序的机会?

第一,从你的周边环境中去寻找,从身边朋友、家人、互联网的兴趣小组以及更宏观的大格局中去观察人们最头痛最想要解决的共性问题,然后你对照下这些共性问题现有的解决方案,如果没有或者特别烂,可能还有机会。

第二，从你能接触到的卓越前辈或圈内牛人那里获取信息，通过校友、朋友引见，通过社交网络去认识，或者直接勇敢地拜访你认为不错的一些创投界精英或先行者，从他们那里了解他们对这个世界的真知灼见，听听他们所说的这个世界接下来三年五年的机会。

第三，从大量的科技前沿数据以及思想前沿的杂志，甚至是顶级的科幻小说那里获取些对未来的商业感知，创业者必须要活在未来。

第四，其他你认为一切可以获取新知的地方。

总之，不断去触及这个世界非主流、边缘的东西。它们那么新，却代表着未来和新秩序。如果你还能想到靠谱的解决方案，它让你热血沸腾、魂牵梦萦，恨不得现在、马上、立即全身心投入其中，甚至想大喊一句："这才是我这辈子要干的事业！豁出去了！"如果有这样的愿力，并且你还拥有之前所说的3个基本创业特质，或许可以尝试了。

接下来要思考的就是该怎么样进行低成本创业。创业不能无脑创业，我一直提倡的创业第一方法论是谋定而后动！现在的时代已经不是当年的改革开放初期，遍地是黄金，现在的商业环境已经彻底进入下半场，它比拼的不光是勇气，还有专业。

所以，我们该如何降低创业的风险，建立可持续的试错体系呢？

我的回答是两点。如果你还在公司打工，只是在筹划创业，那么可以在别人的公司借鸡下蛋，以主人翁的精神全情投入工作，争取在公司内部孵化一个新项目，用公司已有的资源、人脉、资金试错，这个方法虽然"精明"了点，但是对公司也是好事，哪个企业不喜欢有老板思维、全身心投入工作、把公司事情当作自己事情的人呢？

如果你已经出来创业了，那么这个世界上最低成本创业的方法就是"市场调研＋思想实验"，这是我反复会讲的一个点。第一步，去一线市场实地跑，跟潜在用户大量地聊，没有比这样做更能感受需求、感受市场的力量了。但不要学乔布斯，认为市场调研不靠谱。在乔布斯的领域，他就是玩电脑的鼻祖，他有能力代表用户，可这种能力不是每个人都有的。对于一个创业新手来说，如果你不是资深用户，那么你就得老老实实先去感受需求、感受用户、感受市场，不要偷懒！第二步，就是做思想实验。注意，一旦到了MVP阶段，也就是大家经常说的精益创业环节，其实成本已经下去了，但对于很多年轻的创业者来说，依然承受不起。所以，天底下最能降低创业风险的，就是先做思想实验。

商业逻辑完美的项目在实践中都经常遇到各种问题，何况商业逻辑完全经不起推敲的项目呢？可以很负责任地说，90%以上的项目，在思想实验阶段就应该被淘汰了。那么怎么判断一个项目是否可行，怎么做思想实验呢？找商业前辈聊，找投资人聊，找你能找到的一切商业高手聊，如果找不到，那你就只能找圈子。

过去十几年的创业和投资经验告诉我，创业和投资有人带和没人带，差距会非常大。大家一定要明白，创业者不是天生的，广东潮汕、福建莆田、浙江温州那边，很多地方是一个村一个镇的人都在做生意，都在创业，请问，那里整村整镇的人都是天生的创业者？不，是因为他们有人带。创业和投资这两个职业都特别注重三个字：传、帮、带。

一个人越弱势的时候，越要懂得付出，懂得谦卑地去寻找好师傅、好圈子。有钱投钱，没钱投人，端茶倒水，鞍前马后，甚至做牛做马也要求着别人传你、帮你，重要的是让人家带你玩。

商业计划书重要，也不重要

有个创业者问我：子皮，你能否帮我看看我的 BP（Business Plan，商业计划书），为什么这么多投资人没一个人对我的项目感兴趣？

我拿过来翻了下，发现他的这个 BP 结构完整，设计精美，但文案刻板，直接问他：你花了多少钱找人代写？他吓了一跳，问我怎么知道的。记住，商业计划书，代表着创业者做一家企业最核心的商业思考，是体现你所有商业素养的最重要的名片，你可以找人帮你整理表达框架，也可以找人帮你优化 UI，但绝对不能找人代写。在一个每年要看几千几万份商业计划书的投资人眼里，不出三秒，这种没有灵魂的东西就会被扔到垃圾桶里。

要让别人真的用心看你的 BP：第一，你要用心、清晰地表达你所要展现的商业蓝图，作为创始人，没人能替代你完成这个工作；第二，最重要的是突出你的亮点。完美的项目，就是最烂的项目。早期项目一定会有各种瑕疵,不要紧,重要的是你的长板。你的最大优势是什么,把这个好好讲讲,突出你的洞察力,会比追求一个完美的 BP 好 10 倍乃至 100 倍。

所以,千万不要花几千、几万元,让别人给你写什么商业计划书!这是蠢得不能再蠢的做法。做企业、做生意的人,为什么要写商业计划书?是因为创始人必须要会讲故事,向投资人路演的时候需要,向潜在合作商介绍的时候需要,还有创始人理清项目思路的时候,头脑中也要有讲故事的思维。从这个角度上说,商业计划书是有用的。

一个完整的商业计划书,简版的只要满足下面 8 个维度,就够了。

第一,项目名称。能用一句话让别人快速理解你的项目。

第二,痛点问题。你发现了用户或者某个行业,有什么大的痛点?

第三,解决方案。你是怎么解决的?你的方案有什么特别之处?你的核心价值点在什么地方?

第四,目标客户。你的目标用户是谁?估计市场容量有多大?

第五，竞争分析。你了解市场上的对手吗？你怎么打败他们？

第六，商业模式。你的整个商业闭环是怎么实现的？从引流到产品，再到转化和承接。

第七，经营数据。你现在做出什么成绩了？给出营收数据、用户数据，或者任何能证明你实力的一些数据。

第八，创始团队。是什么样的团队来做这个事？为什么你们能做？凭什么你们能赢？

如果一个创业者能清楚地把这8个维度讲明白，单就一个商业计划书来说，已经可以达到7分。那剩下的3分是什么？是你讲的东西有没有说服力，大家信不信你，你的感染力怎么样，等等。

不过接下来我要讲的，可能会让很多人大跌眼镜。商业计划书这个玩意，是弱势团队的敲门砖，在强势团队那里，这压根就是形式主义。一级市场创投本质上是个江湖，什么样的项目有金刚钻，什么样的项目是水货，行研做得好的专业投资机构，在行业摸底的时候已经门清了。一方面，如果你的项目压根都没有进入专业投资机构的狙击赛道，这时候出去融资，大概率会吃闭门羹；另一方面，赛道最近刚好撞在了热门风口上，但项目没有排入大家行研的竞争序列里，需要自己凑上去找，大概率也是自取其辱。

加上很多早期投资机构更喜欢熟人推荐，或者 A 级乃至 S 级人才推荐的项目。你觉得自身的实力就像诸葛亮一样，但都没人帮你说两句话，那大概率你的实力还处于底层。这时候，你觉得你的 BP 有意义吗？没意义啊！当你的实力足够了，你这个人站在那里就是 BP，你一张嘴，你的言谈举止、自信和气势就是 BP。

BP 的本质是让投资人对你感兴趣，如果你本来在行业里就已经是翘楚人物，坦白说 BP 就是个形式上的东西，是后面投资经理、分析师们要写投资报告，需要你提供的材料，让他们好提交到 IC 投委会（Investment Committee，投资决策委员会）去走下流程。

我知道很多人了解了这个真相，眼泪都会流下来，但是很遗憾，这就是事实的真相。

影响创业成功的最大变量是什么

用一句话说说创业最重要的事是什么？借势，借势，还是借势。

这个世界上只有时势造英雄，英雄都是顺势而为，任何人逆天改命，赢得了一时赢不了一世。很多成功人士侃侃而谈自己的成功之道，但绝大多数人都只是运气好，赶上了大势。所以，创业的人宁可花一年半载调查供需，研究趋势，寻找时机，也不急着跳下去瞎干、猛干。如果方向不对，大势不对，越折腾死得越快！

很多人就问了，那么"势"从何而来？

从变化中来！人口结构在变，年轻人的消费习惯在变，各个阶层人们的生活方式在变，国际宏观形势在变，技术 S 曲线在变。世界唯一不变的就是变化，创业者首先是对这个世界的变化最敏锐的感知者，然后才是这个世界的社会应用实践家。感知不到变化，你就摸不到大势的脉搏！

　　从天命中来！中国创业者不是不够聪明，而是太聪明。任何一个赚钱的机会，在短时间内都能被大量模仿抄袭，如果说中国创业者没有感知变化的能力，谁也不信。但如果我们只是想捞一票，对用户、对社会责任没有敬畏之心，这种跟风之"势"是长久不了的。只有当你向世界发愿，此事我当仁不让，此事我愿意拿我的青春与热血为之奋斗余生，那这种天命之势就真的太强了！

这样的钱，要不要拿

如果你的公司现在现金流很好，也不缺钱，有投资人想投你，但是这个投资人没什么名气，可能还是个纯土豪，一点都不高大上，请问，这样的钱拿不拿？

这个问题的答案，决定你对这家公司未来的走向。如果你最终还是希望这家公司走向资本市场，那么没什么好说的，当然可以考虑！为什么？

第一，一家企业如果要走向资本市场，那么就说明这家企业还需要规模化扩张，或者后续为了建立竞争壁垒可能要投入很多的研发费用，这时候当然希望公司账上的钱多多益善。创过业的人都知道，一家企业，哪怕是巨头企业，都不可能一直一帆风顺，总会有低谷期，有时候一个浪过来，你撑不过去，企业就玩完了。

所以，在公司兴盛的时候，反而要多储备粮草，不然等到颓败不堪的时候还指望投资人雪中送炭，这不是做梦吗？

第二，我要明确告诉大家，"钱"都是一样的，不要过于在意什么光环或名气，不要太过于迷信什么投资机构能给你带来多少决定性的资源。如果你的企业在这家投资机构的投资组合（Portfolio）里表现得很差，不会有人联系你，并且一定会让你自生自灭，因为在他们的财务表格里，早就已经把投给你企业的钱当作坏账了。

所以，只要这个土豪能给你很好的公司估值，钱也给得爽快，合同条款也很合理，为什么不拿？

第三，好的投资人与创业者之间情比金坚，是战友也是朋友，是要共同走下去的。巴菲特为什么特别强调要跟喜欢的人在一起？就是因为投资人与创业者绝不仅仅是在做一个好生意，还要相互之间价值观相同，相互欣赏。任何"钱"背后都是有禀赋的，尤其是"钱"背后的这个人是否与你意气相投。如果这个投资人没什么名气，但是你们之间的关系非常融洽，能成为非常好的背靠背的伙伴，那么当你遇到困难时，这样的投资人反而会再帮你一把！那些有光环的、名气冲天的投资机构，一年投上百个项目，你觉得他们最牛的合伙人能亲自来帮你什么忙吗？

还有一种情况，你压根对上市没兴趣，对公司资本化也没什么热情，"我"就想做一家小而美的公司，"我"觉得小富小贵挺好。这样的想法一点也不丢人啊！我反倒是对那些敢于对资本说"不"，又能活得很好的企业更加肃然起敬。

对于这样的企业，回到生意的本来面目上来吧，忘掉什么虚妄的资本估值，忘掉什么"伟光正"的投资人，忘掉什么高大上的资源，做好现金流，与彼此欣赏的合伙人长期走下去也挺好！别的企业都要去上市，不上市的公司就不优秀了？上市公司里如果有一堆烂企业，那这些企业上市又能代表什么呢？

创业，关系和背景重要吗

创业，关系和背景重要吗？当然重要，这没什么好讨论的。但是如果换一个问题，一个人来创业，关系和背景是决定性的因素吗？这个就有争议了。有些人说是，有些人说不是。显然，我的答案站在"不是"的这边。关系和背景重要，但它们最多只是一种催化剂，把很多人的成功简单归结为关系和背景，那是大众把成功想象得太简单了。

我们以巴菲特为例，他的老爸曾经当过国会议员，也开过证券经纪公司，身世背景相当好，他在 11 岁的时候就已经玩转股票了。1956 年，巴菲特刚起步的时候，他的合伙基金的资金规模才 10.51 万美元，仅仅两年后的 1958 年，巴菲特的资金量就已经达到一家中小基金公司的规模了。是什么原因呢？原来是巴菲特的老师格雷厄姆给他引荐了一批客户，于是，巴菲特的事业如虎添翼。再到后来，巴菲特遇到芒格，几十年后，他成为前无古人的一代股神。

我听到太多人酸溜溜地说，巴菲特能成功，还不是因为有个好爸爸、好老师、好搭档。但是你要知道，父亲是做证券经纪的人大有人在，"华尔街教父"格雷厄姆也有很多学生，芒格的朋友也有很多，为什么偏偏是老巴呢？尤其格雷厄姆愿意帮助巴菲特，是因为巴菲特是他所有学生里最虔诚的。巴菲特花了很多时间不断写信，希望给老师免费打工，被拒绝了多次后才如愿以偿。后面巴菲特自己单干，老师也没有一上来就支持，而是等了两年后才开始给他介绍客户，其中的理由有两个：在帮老师干的时候业绩很好；自己出去干了两年后，业绩依然很好！

此外，还有很多类似的说法，比尔·盖茨能成功，是因为有个在IBM当董事的母亲；王兴能成功，是因为他的父亲原来是个大土豪；马云和马化腾能成功，是因为他们俩的父亲背景，诸如此类。如果一个人只会简单地用一维视角看问题，是有思维缺陷的。大家有没有想过，不是每一个人一出生就有好的关系背景，绝大多数人的所谓关系背景其实也都是靠自己长期经营出来的，经营关系和经营企业一样，都是要工夫的，工夫是什么？时间！

一个人真正的力量源泉有且只有一个，就是自己。真正可靠的关系和背景，最后都是硬实力！有这个才有关系，没这个，你爸妈的"关系"顶多也就是"关联"——喏，那个是谁谁谁家的孩子……

"要性"胜过一切

有粉丝给我私信：我今年 40 岁了，手上有个 100 万元，是买房好呢，还是创业好？

朋友，当你问出这个问题的时候，我已经从文字里读出来了，你的答案就是买房而不是创业。

为什么？真正想创业的人只会问：子皮，我手上有 100 万元，是做这个好呢，还是做那个好？

问题即答案，这位老哥就不应该去创业。

40 岁，对于现在的男性来讲我觉得还好，正当年。有数据显示，创业成功率最高的就是在 30 ~ 40 岁这个年龄段，尤其是 2B 企业服务这种需要很强资历和经验的行业。而且，这个年纪的人，基本上家里都安顿好了，孩子也比较大了，没有什么后顾之忧，在能保证家庭安稳的情况下，为自己所钟情的事业做一些努力，我认为完全没问题。

40岁这个年龄绝对不是创业的阻碍。那么底层的问题在哪儿呢？是你的内心究竟有多么渴望创业。

创业有个点非常重要，是什么呢？"要性"要足！

什么是"要性"？可以简单理解为饥渴（hunger），意思就是我要做成这个事，就是要把它办了！为了这个事，我可以付出很多东西、牺牲很多东西、放弃很多东西。你看，一股杀气！

如果没有这样的"要性"，创业是比较难的。因此，创业的阻碍从来不是年龄，而是有些人到了一定年龄后，心累了，疲了，甚至是死了，没激情了，这才是比较可怕的事情。为什么风险投资人比较喜欢年轻创业者，因为他们有"要性"，敢想敢做。很多伟大的创新，不是因为年纪大的人做不出来，而是因为年纪大的人疲了，没激情了。

人生如白驹过隙。有些人说，人生没有意义，我就图个平静安乐；而有些人说，人生是没有意义，但是我就要向前、向前、向前，没意义也要寻找意义。有对错吗？没有啊，这些都只是我们在游戏人间的处世方式罢了。

做商业世界的拓荒者

有粉丝问我,穷人,该不该去创业?穷人,当然更应该去创业!我们先定义下什么是穷人。在这里,我把"穷人"定义为:生存比较困难,几乎一无所有的人。上靠不了家人,下靠不了朋友,也没人赏识。很多人是含着金汤匙出生的,一出生就"开挂",但有些人是一出生就挂了,悲催的命运是个概率问题,只是没轮到你而已。

所以,万一轮到了你,怎么办?当一个人连工作都不一定找得到时,那么,创业基本就成为最后的选项了,这时候你还有什么不能豁出去的呢?我特别鼓励人穷志不穷的年轻人去看看美国历史学家特纳的"边疆假说"理论。我第一次看到他这个理论时,就被惊艳到了。

他的核心观点是,人类历史的近代文明本质上是殖民文化,也就是不断向外拓展的文明。事实上,另一组数据也交叉印证了特纳的观点,在1995—2005年成立于美国硅谷的高科技公司中,创始团队有 52.4% 来自美国以外的地区，该比例远远高于全美平均水平——25.3%。后来，我又去查阅了大量的资料才知道，原来整个美国的文化基础就是边疆文明，就是不断拓荒的牛仔精神，或者说是殖民精神。所谓的美国精神，说到底其实就是南北战争时西部淘金热的发财梦。

所以，创业者某种意义上就是商业世界的拓荒者。正因为我们出身卑微、起点不高，所以才必须进入那些蛮荒之地、无人之境，必须进入非主流的边缘去开疆拓土，必须进入那些又脏又臭又乱的地方去发展建设。于是，我们逼着自己去创造，逼着自己去革新，逼着自己去冒险，这样才能打破旧秩序，才能塑造新世界啊！

中国 20 世纪的第一批、第二批企业家，本质上不都是一群胆肥的冒险家吗？就是因为大家都穷怕了，有过上幸福生活的基本需求，才引发了第一次创业浪潮。好，有人说了，时代不同了，那时候都在同一起跑线，现在已经有马太效应了，穷人根本没机会了啊。这句话也不能说错，但是客观上来看低成本的创业机会也一直没少过，尤其在我们国家，现在的短视频和直播经济，往前追溯是微商，再往前是淘宝开店……这里的核心问题是，你穷，但是你突破"穷人思维"了吗？人穷，但一定不能志穷；人穷，但一定不能有"穷人思维"啊。

越是穷人，就越要站在科技这一边，因为只有科技才会"敢教日月换新天"！

创业路，就是修行路

我看到一个问题，很有意思——为什么西方的神仙很残暴？天生神力，到处乱搞，也不用承担什么责任，而我们东方的神仙，规矩一大堆，女娲娘娘要补天，后羿要为百姓射太阳，像什么？人民公仆。为什么我们的神仙都比较负责任呢？我仔细一琢磨，不得了，这可能是一个非常有深度的文化课题。

你看我们的神仙，如果追根溯源，都是凡人。玉皇大帝是凡人，叫张百忍；道教始祖是老子，在春秋时期做凡人的时候，叫李耳；"八仙过海"，我们中国老百姓最耳熟能详了，全是由凡人修成仙的。再看西方的神仙，宙斯啊，赫拉啊，波塞冬啊，雅典娜啊，全是宙斯一家人，天生神族，是另一个物种，有"人"的七情六欲，但是却有超能力。

西方的神仙是看不起凡人的，他们只认血统，只认实力。而东方的神仙不是，大家都是由凡人修行出来的，能修行出来，说明有道行，能成仙的都是至善之人，为天地立心，为生民立命，为往圣继绝学，为万世开太平。西方白人里主要的族群之一盎格鲁－撒克逊族群，他们天生种族优越感非常强烈，在他们的精英意识里，优胜劣汰、丛林法则是天道，社会达尔文主义的思想是最浓烈的，他们骨子里是瞧不起很多种族的，他们对一些东西很排斥，不光是文化，还有血统。这样的种族，你如果不用实力碾压征服，那么永远别想以德服人。

到这里，做个总结就是：我们的神、我们的仙，是修己达人；西方的神、西方的仙，是盛气凌人。

东方文明到了商业时代，现在修仙的路，我认为就是创业，也是修己达人。

我是有逻辑的。创业跟修仙没什么区别，都是一场非常艰苦的修行。你跟修仙的人一样，要看清这个世界的真相，要看透人间的疾苦，要看穿人性的底色，然后给世人做服务，否则就没有香火钱，没有香火钱我们就要玩完。神仙的寿命就是我们人间的香火，有天香火没了，这个神仙被遗忘了，在某种意义上就消失了。修行不到位的，市场这个"天"就会给我们教训。但如果你想要香火旺盛，源源不断，就要为这个社会创造巨大的价值。伟大的财富必然源于伟大的社会价值，社会价值就是我们的香火。请问，我的逻辑有错吗？

有一天，你要出海，作为东方神仙要面对西方神仙的时候，朋友们，跟这样的神仙打交道，你别指望以德服人，要用什么？要用沙包一样的拳头彻底征服他们，这样他们才会心服口服，相信我。

做老大,每天最需要练习的是什么

做老大,每天最需要练习的是什么?——决策思维能力,就是如何做正确决策的能力。

创业的人,如果其他变量都一样,那么玩的就是决策的成功率。厉害的企业家做十个决策能对七个,普通 CEO 十个里能对三四个就很好了,但是长此以往,就会谬以千里。

问题来了,那么做老大的人,该怎么样才能不断提升自己的决策思维能力呢?

子皮学社的一个创业者曾跟我说,自己过去一直不敢大胆说出自己的观点。我鼓励他,做 CEO 的人一定要敢于说出自己的观点,自己的对错不重要,观点错了,丢脸了,无所谓,面子也不重要,重要的是什么?是正确本身!是跟人进行思维碰撞、逻辑博弈后,得出的那个正确结论最重要!

如果我错了，那我也学到了，错有什么关系？创业实战的过程中，多数时候都在走向错误的路上，而我们就是在找如何快速找到那个"对"的方法啊。各位做老大的人一定要记住，我们的职责是做正确的决策，但至于这个决策是来自你的合伙人、你的下属，还是一个毫不起眼的人，只要他比你对，那么你就选择这个决定就好了，其他的根本不重要！

所以，做老大的人，应该注重做好三点练习：第一，一定要敢于在任何场合表达自己的观点，否则你就没有被打脸的机会，不被打脸，你就不会有成长，有时候暴露无知，才是提升自己最快的办法；第二，要敢于跟别人的反对观点碰撞、博弈，越真的东西越需要正反思辨，但所幸的是，真的假不了，思辨的过程就是在不断训练自己决策思维的能力；第三，要多跟高手过招，当身边人的思维层次段位明显不够的时候，就要换挡，这跟健身增肌到了一定的舒适区，就需要不断加重刺激一样，需要不断突破。

很多人会说，一个人的决策思维水平是天生的。我承认可能会有很多人天赋异禀，比一般人有慧根，但我不认为决策思维能力是不能训练的。做老大的人，思维博弈、决策演练就是打仗演习，因为如果你平常没有大量做这种决策演练，动不动就拍脑袋直接做决策，那你的决策成功率是很低的，而很多决策失败的背后，动辄就是几百万甚至几千万元的沉没成本！我们做企业，不能只看到有形的成本，比如人工成本、生产成本，做企业最大的成本是老大的决策成本。你的决策成功率越低,你的创业成本就越高,别人折腾几年就走出来了,但是你折腾一两次就玩完了。

把公司当家的企业文化，靠谱吗

一个公司的企业文化，崇尚员工要把公司当家，这种企业文化靠谱吗？不靠谱。反过来，公司把员工当家人，靠谱吗？也不靠谱。这样的企业，至少我是不会投的，我的公司也不会推崇这样的企业文化。

为什么？因为市场化的企业，把家文化当作企业文化，我认为是有问题的。家庭是情大过理的地方，企业是理大过情的地方，在多讲情的地方讲理，在多讲理的地方讲情，是会乱套的。企业是什么？核心是这个"企"字，它的本意是一个人踮着脚看远方，"企"是有着强烈企图心和目的性的。任何企业，不管是营利的还是非营利性质的，都有它独特的使命，也就是它的企图心。它是为了一个目的而存在的，尤其我们的商业组织更是如此。"家"有这些东西吗？没有，也不应该有这些东西。

如果把员工当家人，你能淘汰自己的家人吗？你能让员工无条件牺牲自己吗？所以，如果非要做类比，我认为一个企业最像一支球队，它有着清晰的目标，团队为同一个目标去奋斗。CEO像个教练一样，在低谷时鼓励大家振作，在膨胀时敲打，平时做好训练计划，保持凝聚力，当有人掉队时，出于人本主义球队会关心爱护，但当他一直跟不上时，也会残酷地予以淘汰，然后招募新的队员，继续奔赴战场！

美国的奈飞，最近几年成为"硅谷四剑客"之一，这个公司最被人推崇的，是他们的企业文化。《奈飞文化手册》的第一条准则就是：我们只招成年人！成年人在全球商业文明的现代，意味着什么？意味着契约精神、自我驱动，最重要的是有职业精神！

所以，一个把员工当家人的创始人和一个把公司当家的员工，在我看来都非常不职业。

技术创业者的弱点

几年前,我曾参加录制一档创业人物访谈的节目,其中一位嘉宾来自人工智能行业,纯技术背景出身。在访谈的过程中,一聊起来,我就知道这是个典型的技术型创业者,而且他的思维已经非常固化了。

比如,他一直在强调自己的技术有多么牛,自己团队的算法有多厉害,但是,自己的产品是服务谁的,客户在为什么买单,怎么BD(Business Development,商务拓展)自己的大客户,他一句没提。在他介绍自己和团队的时候,还在不断强调自己的数学有多好,自己的团队全是技术人员,研发实力很强,等等。

做投资那么多年,我跟各种背景出身的创业者聊过,发现技术背景出身的创业者真的是让人又爱又恨。技术型创业者有几个明显好的地方,是什么呢?专注,聚焦产品,心思单纯,一心想做好东西,而且相对其他背景的创业者来说,踏实,也不太会弄虚作假。

但是，做老大的技术型创业者，他们的弱点跟优点一样多！一根筋，过于完美主义，很容易沉浸、封闭在自己的技术世界里，一陷进去就出不来，容易钻牛角尖，有时候几头牛都拉不回来，这时候他背后的投资人是最难受、最痛苦的。

很多技术型创业者只做过技术研发，对产品运营、市场销售、投融资、公司发展方向的终局推演，还有日常的经营管理，可以说是一窍不通，或者压根懒得管。很遗憾，每到这个时候，我都要跟这样的技术型创业者说两点他不爱听但必须得听的话。

第一，技术推动世界，但商业改变世界。技术只是工具，只是商业的手段。当然，你也可以辩证地说，商业是技术的工具。但不管你承不承认，拉里·佩奇也好，马斯克也好，他们从伟大的科学家特斯拉身上学到的最大教训是什么？做研发只是做企业的一个子集，纯粹比拼技术优势不是商业世界的真相，Linux 比 Windows 好是事实，但是又怎么样呢？

技术背景出身的创业者要么老老实实学谢尔盖·布林，做好一名技术人员的本分，但一旦要做一家企业的老大，那么务必要"在其位，谋其政"。你首先是一个 CEO，只是恰好懂点技术，而不是反过来，所以你必须得学会做好一家企业的 CEO 必须要学会的东西。技术型创业者最需要学的是什么？是对市场的理解，对人性的理解，对用户的理解。

第二，有完美主义的追求，但不能处处追求完美。经常听我讲商业评论的老粉丝都知道，我很讨厌文艺青年创业者，为什么？情绪化，玻璃心，艺术家人格，自我封闭在自己的世界，没有开放性。技术创业者相比文艺青年创业者，好处在于是理工男，至少会讲逻辑摆事实，但有一点跟文艺青年创业者很像，也很容易有艺术家人格，容易封闭在自己的世界里。

很遗憾，做企业不是做艺术品，你必须得克制自己的完美倾向，要更包容、更开放地看待自己的企业。如果你希望自己的企业未来还会高速增长，抱歉，我可以百分之百地告诉你，完美与增长是不可能同时发生的。

我虽然说了这么多技术型创业者的弱点，但整体来说，我还是很看好技术型创业者的潜力，只要他们敢于突破自己的能力瓶颈，技术型创业者的天花板可以很高。我们国家这几年大力提倡产学研一体化，鼓励科研人员进行市场化创业，在这个大背景下，会有越来越多的技术型创业者加入残酷的商业浪潮中来。所以，技术出身的创业者们，努力吧！

理想主义之恶

今天跟大家分享一段话,源于塔勒布的《非对称风险》一书,他说:

"常有'想帮助人类'的年轻人来找我,他们问我'我该怎么办?我想减少贫困、拯救地球',还有其他类似的宏大而崇高的愿望,我的建议是:第一,不要试图表现美德;第二,更不要打着美德的旗号从事寻租活动;第三,你必须自己创业,把自己放到第一线,去开创一项事业。是的,我对他们的建议就是去努力创业,去承担风险。……从早期智人到今天的人类,漫长的进化史告诉我们一定要远离宏观概念,远离抽象事物,远离全球目标,远离那种所谓的社会改造计划,所有这些都只会给社会带来尾部风险。"

我为什么觉得这段话挺好?核心是六个字:理想主义之恶。仅凭情怀与理想,打造不出一个帝国,大多数企业台上的那些东西都是障眼法,台下的那些灰度才是我们要学的。如果不是几万人疯狂输出供出了一个企业,企业家每一句看似金科玉律的话语随时都可能翻车。

过于宏大的情怀会把一个人淹没、把一家企业淹没,让你看不到事情的真相。所以,要理想,但千万不要理想化。自我感动是没有意义的,只有让世界为你感动才算有效。过去十年,冒出来的这些新锐巨头企业家,无论是王兴、黄峥,还是张一鸣,他们一个比一个现实主义,一个比一个超级理性,一个比一个延迟满足。你觉得纯粹是偶然吗?并不是,要想实现心中的那个世界,每一砖一瓦都是要拼刺刀杀出来的,偷不了一丁点懒。

创业,要接地气

刚开始创业的人,一定不要急着追求表面的高级。

举个例子,很多做老大的人,看到对手有小程序、APP,自己一上来也想做;别人开个线下大会,上去五六个人吹牛,排场很大,也想搞;甚至看到别的 CEO 身边有个小秘书,嗯,我能不能也配一个?

做企业,首先是一个成本控制游戏。按《孙子兵法》中说的:"胜兵先胜而后求战,败兵先战而后求胜。"改成商业上的大白话就是,任何创业,在你没赚钱之前,任何没必要的开支都是求战。创业,不是来追求虚荣的,也不是来追求高级的,而是来做一道算术题,一道收入大于成本的常识算术题。如果你的生意一开始需要大量前期投入才能开展,那么你大概率是要融资的,但如果你拿了别人的钱,还乱花不该花的钱充当脸面,迟早连脸都会没有。先做一只"土狗"吧,尤其在现在这样的经济环境之下。无论是自己的钱,还是投资人的钱,都要尊重"钱"的禀赋,你不敬畏钱,钱也不会跟着你。

有朋友可能又会问,作为"土狗",我们该怎么控制成本?什么样的钱该花?什么样的钱又不该花呢?我觉得,第一个不该花的,是虚荣心成本。什么叫虚荣心成本?比如,开公司一定要在豪华的CBD写字楼里开吗?有人说当然要了,否则我招不到人啊。再比如,跑客户一定要买辆豪车装门面吗?有人说必须要买啊,不然怎么彰显公司实力呢。再比如,老板办公室是不是必须得有啊?有人说必须有啊,还至少得弄个100平方米,墙上挂个"大鹏展翅",否则气势从哪儿来呢?

那什么是"土狗"的做法呢?一切消耗性的成本,一切没有投入产出效应的成本,"土狗"都会千方百计地能省则省、能砍则砍。创业初期,在居民楼里开公司可不可以?酒店式公寓呢?厂房呢?地下车库、阁楼呢?都可以!阿里巴巴是从杭州的湖畔花园起家的,字节跳动是从北京的锦秋家园开始的,Google和苹果是从地下车库搞起来的。有些人厉害啊,公司啥都还没干,一上来就CBD、豪华车,最好再有个小秘书,自己的钱不爱惜也就算了,很多人拿着投资人的钱装大佬,也丝毫不害臊。

还有一个不该花的,是一些辅助性的人力成本。公司一开始,你确定要那么多人吗?你确定刚开始的时候,一定要行政、人事和财务吗?创业公司唯一比大公司有优势的是什么?是人效!也就是一人多能、一人多产。那什么是人效呢？简单说就是，赚的钱÷投入的人数=人效。如果一个小小的创业公司人效低下，单人产出都抵不过他的工资，那么他存在的价值又在哪里呢？

"土狗"为什么生命力这么顽强啊？因为它们足够接地气、足够务实！真正的创业不就是这样吗？我也反复跟很多人说过一句话，创业没有什么了不起，它就是一份职业，千万别自我感动，别觉得自己有多高尚、多不容易。我们的存在，只是因为实实在在做了一些事，解决了我们社会的一个小问题，于是，我们得到了一点小小的回报。如果我们能做的太少，那么就只能做小，养养家糊糊口，活着就挺好。

但是有一天，时机来了，或者时来运转，我们因为一些机遇，也因为多年的沉淀，厚积薄发，能做更大的事了，于是我们创造的价值大了，给社会的影响也大了。慢慢地，我们承担的责任就大了，然后突然有一天，我们就变成了所谓的企业家。所以，做企业的顺序是什么？先做生意人，再做企业家。

一句话：在成为狮子王辛巴之前，先做好一只"土狗"。

没有闭环能力的人,不能要

曾经有一个我投资的项目的兄弟找我,让我帮他面试一个人,计划聘任为他的某家子公司的 CEO,负责一个独立的创新业务。我看了下这个人的履历,还是不错的,连续在几家到了 B 轮、C 轮的公司担任过高管,最早好像还是某家互联网巨头的产品经理。但是,有一点我发现很蹊跷,这个人的履历里没有一个产品(哪怕再小的产品)从头到尾打造过闭环,也就是说,这个哥们从来没有真正落地过一个项目。

面试那天,我跟这位朋友说,去找个安静的地方喝个茶,最好在一个能让人放松的环境下聊聊天,刻意淡化面试的味道。当天,其他的什么都没问,我只抓一个点,旁敲侧击问各种细节,在他担任的这么多公司里,他是怎么做好一个项目的?从立项讨论,到组织招人,包括薪资怎么谈,绩效怎么谈,怎么分配工作,节点目标是怎么控制的,遇到什么样的问题,一般是怎么处理的,怎么把控预期,如果可能完不成目标,又是怎么做的,等等。

几盏茶的工夫下来，我基本上心里有底了，暗示了下朋友可以结束了。之后，朋友问我的意见，这个人怎么样？能不能用？我说，这个人不能用。理由很简单，这个人虚了点，不够实，他没有落地闭环一个大项目的能力，也就是说，他做不了一个操盘者。

公司做大后，我们很多创业者都必须得找各个业务线的操盘者。操盘者最重要的素质是什么？除了人品可靠、能被老大信任之外，最重要的就是落地闭环的能力。

什么叫闭环的能力？一句话就是，能完成一件大事的能力。听上去似乎很容易，但其实很不容易！能闭环的人，都是非常靠谱的人。什么叫靠谱？凡事有交代，件件有着落，事事有回音。这是一个职场人士最基本的职业素质。

到了一个职业操盘者的水平，也就是职业创业者的水平，那就必须得有从 0 到 1 闭环一个项目的能力，对这个的要求已经不是做某件事靠谱，而是必须能把无数件事堆起来的一个项目做成的那种靠谱。扎克伯格在早年创业的时候，曾在办公室墙上贴过一个标语：完成比完美更重要！这个哥们的履历看上去很完美，但很遗憾，他没有完成过任何一个项目。我问他那么多细节，但其实很多他都没有经历过。所以我说，把公司交给他，很有可能是给他交学费。

我的朋友最后听了我的建议，淘汰掉了这个人。从这个真实故事中，我要跟各位创业者分享的是什么？从0到1开创新项目的时候，招募合伙人也好，招募操盘者也好，有一条最重要的原则：一定要找那些独立领兵打过仗的人。怎么判断他有没有独立带过兵打过仗？问全流程的细节，越细越好。

99%与1%创业者的道路差异

做生意、做企业会出现两极分化,99%的创业者和1%的创业者选择的路径会是完全不一样的。怎么理解?

99%的创业者,也就是大量的小企业家、小生意人。对于这一部分创业者,我的建议如下:第一,强烈建议大家以后还是多关注利基市场。什么是利基市场?就是在一些大的赛道里,选一小撮垂直细分用户,用特定的产品或服务,先好好满足他们的痛点需求!这种零碎市场,一般大公司看不上、嫌太小,但对我们这种创业公司来说,切入点却非常好,值得慢慢深耕。

第二,选那些脏活累活——需要重运营重服务的细分领域。太轻松的活基本上已经没有我们的份了,互联网金融好做吧,赚钱吧?现在呢?

第三,多在专业能力上下功夫,做到足够纵深,拥有足够多的"金刚钻"。我们一定要做到 10 倍好，要真的强，而不是嘴上说的强。最重要的是，我们还是要老老实实赚现金流让公司活下来，不要"下牌桌"，这是我一再给大家的忠告！

对于那些 1% 的创业者，即野心家创业者，立志此生非要做一家伟大企业的创业者，过去几年，已经融到天使轮 A 轮、B 轮的创业者，我给出的建议有三条：第一，你必须要坚定地拥抱资本，一条道走到黑！资本的高维战争是要成为企业家的人根本绕不开的一个山头，你也必须借助资本才能走向更大的舞台。第二，从长远出发，未来的企业家必须具备全球化视野，不能只是把眼光局限在国内，格局一定要打开，海外市场说不定反而会成为我们打开国内市场的一把利剑。第三，要做企业家的人，更要有长期主义，更要延迟满足，你赚钱肯定不是靠分红、靠公司利润，而是靠你的股权、你的企业为这个世界创造的价值。所以，你的企业要变得足够值钱。短期内公司是否赚钱真的没那么重要，只要你的现金流是健康的就行了。

一句话总结：对于 99% 的创业者，赚钱活着是第一要务；对于 1% 的创业者，变得值钱是第一要务！

要么大而强,要么小而美

说一句非常得罪人的话,做企业、做投资十几年了,我越来越发现,绝大多数公司其实是注定做不大的,也不适合做大。这些企业的基因,包括创始人的基因、行业本身的基因,就决定了它们做不大,就像植物,明明是一棵灌木,非要让它长成红杉树,这是不可能的。

还有些公司做小能活,做大即死,为什么?因为做大了,会面临强大竞争对手的碾压。老老实实偏安一隅、深耕本地或者深耕一个垂直领域,反倒活得滋润,但是一旦要做大,强大的对手可能就会非要置之于死地。此外,还有不少企业在合规管理、信息披露等诸多方面存在着不足,也容易"见光死"。

看到这里,很多做企业的朋友一定会很不爽,会跟我说,子皮啊,如果一个真正的创业者没了梦想,这跟咸鱼还有什么区别?

建议大家思考两个问题：第一，做企业只有做大了，才有资格谈梦想吗？这是什么商业准则？为了企业能有价值，难道人人都要去做新能源汽车、做芯片、做 AI 吗？第二，企业跟人一样，也是一种生命体。允不允许普通企业的存在？这个问题就像在问人类社会允不允许普通人的存在，难道我们能奢求人人都是社会精英吗？有些企业因为机遇、因为风口，刚好做了一些改变世界、改变人类的事，但是绝大多数企业活下来都不容易，或者只能依附于大企业才能生存，而大企业也需要这些小企业，它们尽了自己的能力和责任，有什么不好呢？

所以，我认为做企业，未来就两条路：一是大而强，一上来就必须要有全球视野。不要把眼光只盯在国内这一亩三分地的市场，要敢于杀出去、冲出去，去跟美日欧的顶级高手过招，这是历史赋予种子选手的使命和责任！更重要的是，不要光追求规模大，还要追求深度！现在有太多看上去大得不行的企业，但其实都是纸老虎，一碰就倒，好大喜功的"大"是魔咒，谁"大"谁死。

二是小而美。一上来需要考虑的是，我们怎么能活得好、活得久。公司人数都没必要超过 10 个人，哪怕只是夫妻档，也可以是一家好企业。我们并不追求轰轰烈烈，把做一家小而美的企业当作毕生追求。我们踏踏实实、安安心心地做好一件事，哪怕只是一个齿轮、一条拉链、一把榔头。你看看日本，一大堆百年企业，超过千年的企业都有七家。我们的小企业一年换个项目，两年换个公司，有点定性吗？有点沉淀吗？过去十几年当中，不管是自己创业还是投资，我已经看过太多企业的生生死死，我们真的没必要把上市当作企业的结局，也不要把做大企业当作所谓的目标，是时候换换新思路了。做小而美的企业也是一条路，小富即安也是一条路。

如果我们的企业注定做不大，那就学点投资啊，我们还可以通过投资参与到这个世界最伟大公司的历史征程中。这个世界是个多元的世界，但是有一点，大家的思维一定要打开，创业即投资，投资即创业，你知道这背后的本质是什么吗？因为我们玩的都是"股权生长"这四个字，创与投价值同源、盈亏同源。

创业者读什么书

创业者读什么书？怎么读？这是我的粉丝朋友私信我的一类高频问题。的确，创业者自我成长的学习之路、认知提升之路，基本上也是企业发展的成长之路，这两者呈正相关关系。但是，一个人的学习进化是个非常复杂的系统性工程，在现代商业世界，光读书绝对是不够的，为什么？书籍中的信息还是太滞后了，而商业的变化又如此之快，这就出现了一个鸿沟。所以，我先声明一个观点，创业者想要实现自我成长，读书只是一种成长方式，而且被证明了是性价比最高的一种方式，但不代表就是最好的方式。

那么，如果你就是喜欢读书这种方式，创业者该读什么书呢？授人以鱼不如授人以渔，我的个人建议是：尽量只读经典，只读讲底层逻辑的书，这是其一。看上去都是无用之学，但总会在关键时刻有想不到的奇效。其二，要杂读，涉猎一定要能多广就多广，包括传记、哲学、人文、历史、科幻、科普，等等。芒格说必须要知道重要学科的重要理论，这点我非常认同。其三，遇到你特别认同、能融入生命的书，要反复看、反复读，今年看，明年看，年年看，直到人书合一为止。其四，商业书籍一定要边读边用，边用边读，实战学科光学不用的话，那都是心理安慰剂，纯粹浪费时间。

所以，创业者要读什么书，我总结了三句话：第一，先读道，再读术，无用之用是大用，有用之用最无用；第二，先杂读，再精读，博闻胜过寡闻，十指不如一指；第三，商业是实践出真知，理论要源于实践，实践要付诸理论。最后这一句，要特别解释下。我在商学院学过七年管理，坦白说学的90%都是没用的东西，案例陈旧，理论不接地气，中小创业者要玩学院派，分分钟就玩完。我过去十多年的商业沉淀，是几千个创业者、几万个案例，一点点、一个个打磨出来的，只有创业者才能教会创业者。所以，要获得商业上的真知，你必须像侦探一样，一定要在案发现场。记住，现场有神灵！

所以，最可行的办法是什么呢？加入一些高质量的商业圈层，让创业者帮助创业者，让职业的带非职业的，让老兵带新兵，没有比这个方法更为有效的了。所以，创业者除了用读书这种方式之外，还可以考虑加入高质量的学习组织，找牛人，找高手学习。

第三章 投资，是价值生长的哲学

资本的本质是什么

我想从另一个角度,对"资本"进行一种全新的阐释。

《猛龙过江》是李小龙 1972 年导演拍摄的功夫电影,我无意间又看了一遍之后依然肃然起敬。

为什么一部电影过了五十多年,还可以让人看得津津有味?这是什么魔力?如果我们把李小龙电影当作一家世界级品牌的创业公司,那么这家伟大的企业在五十多年后依然不可复制的是什么?

对于李小龙电影,最不可复制的是截拳道的功夫设计,是令观众震颤的经典喊叫声,还是他的标志性格斗连体服?显然不是。我认为是李小龙的独一无二,这个独一无二在于他为"功夫"的不疯魔不成活,在于他对"功夫"的深刻理解(到了哲学的高度),在于他多年刻苦修行的真功夫。

我们可以摘取《李小龙：生活的艺术家》《截拳道之道》中李小龙所说的几段话来管中窥豹：

"功夫是我生活的一部分，这种艺术很大程度上影响了我的思想和性格，我把练功当作是一种文化熏陶，一种思想训练，一种自卫方式，一种生活之道。"

"武术对于我的生命具有极其深远的意义。因为，不论是作为一名演员、一位武者还是一个人，我所学到的一切都是由武术中来。"

"截拳道并非伤残之法，而是一大道，朝向生命真谛追寻的坦荡大道。我们只有在了解自己时方足以看透旁人，而截拳道则是朝向了解自己之道而迈进。自觉与自知是截拳道之根本，它的功能效用不唯在个人武术造诣的成就上，更可使其生存为一个真正生存的人。"

了解李小龙的一些思想后，我们会很自然地发现，李小龙的伟大不是没有原因的，他是一个有真本我、真本质、真本领的人。由此我联想到资本，突然有所悟。

资本究竟是什么？

通俗点讲，资本就是资助那些有本钱的人，让那些有本钱的人更加有钱，从而可以持续地发展壮大下去。

那么这个"本钱"是什么？我能想到的是这些：比如一个创业者的本我意识，是否能够洞察事物的本质，并且是否愿意身体力行去修炼本领以及是否长期拥有一个身心健康的体魄，这都是本钱。资本的所有要义都在这个"本"上，它只资助有"本"的人，因为只有"本"才能让一个事物或一家公司可持续地发展壮大。一切能够让"我"可持续壮大，并且生生不息的都是"本"。相反，那些无源之水、无本之木，那些处处削弱自我"本钱"的人，资本是很难提供支持的。

在过去，主流的宏观经济学告诉我们，资本只是一种生产要素，它泛指一切投入再生产过程的有形无形的要素，无论是物质资本、人力资本，还是自然资源与技术知识。这个定义比较偏向于一种经济学现象的描述性定义，是静态的，是没有运动矢向的。

但是事实上，资本显然是有选择倾向的，也就是说它是有禀赋的。如果从广泛定义上看，世界上的资本都是有倾向性的，而如果非要归类这个倾向性，就是对能够固本、累本的东西进行集合。

从这个角度上说，我认为可能有四种固本、累本的东西是比较基础的，分别是本我、本质、本领、本体。

以创业为例，资本之矢应该流向什么样的创业者呢？我们依此可以来衡量下这四个"本"。

第一,他是不是一个有本我意识的人。创业者的本我是什么?他要非常热爱创业,喜欢创业,对创造一个事物具有强烈且持续的热情。但这个持续的驱动力来自哪里?源于本我的喜欢,他的创业动力是来自内心的自我驱动而不是通过外在。这个本我是需要很大的机会成本来验证的,比如我愿不愿意把自己的老婆本放进来创业,我愿不愿意拿未来五年或十年以上的青春生命全情投入进来创业,愿不愿意牺牲一些发展兴趣、家庭团圆、朋友欢聚的时间来创业……没有这样的本我,创业就很难长期坚持。

第二,他是不是能够洞察所做事情本质的人。创业其实是一个不断发现自我的过程,但纵然我们一腔热血,如果不了解自己所做事情的本质,不能逐步洞察创业方向的演变,不能遵循商业的一些基本规律,也很容易误入歧途。创业的最大成本就在于方向成本,而能否避免方向偏离轨道,就取决于我们对自己所做事情的认知理解力够不够。

第三,他是不是有一些真功夫。有创业的内在本我,有对创业方向的深刻洞察,但如果不身体力行修炼点真功夫,创业依然举步维艰。为什么大学生创业者的成功率很低,最主要原因不在于前面两个"本",而在于缺乏修炼真功夫、真本领的学习经历过程。

第四,他是不是一个生活自律、爱惜本体的人。成熟的创业者都知道创业只是一种生活方式,但我们不得不承认,在竞争白热化的同等条件下，身心健康、可长期作战的一方相比于身心俱疲、长期透支的一方是非常有优势的。创业经常是打消耗战，如果不能养成自律的生活习惯，不注意自己的生命本体，是很难支撑到最后的。

资本对有本钱之人的运动矢向，导致很多人诟病资本很少雪中送炭，只会锦上添花，但这个逻辑其实是没问题的。自助者天助，能自助者就是有"本钱"的人，有"本"的人，最终都会导向马太效应，这是一个关于如何持续正反馈激励的社会游戏。

更进一步，这个马太效应的正反馈激励逻辑不光在创业上有，从更广义的"资本"内涵来看，"资本"的本钱要义对所有领域都是适用的，无论是创业、投资，还是画画、弹琴、运动等领域。

李小龙显然是一个有"本"的人，如果把上文中我摘取李小龙三段话中的"功夫""武术""截拳道"换成创业、投资以及其他，都是通的且毫无违和感。但唯一遗憾的是，他在自己的生命"本体"上过于透支了，他的英年早逝也给全世界喜欢他的人带来了巨大的损失。所以，我们每个人都应该想想自己的"本钱"是什么，从而去发现它、发展它、守护它。

不得不说，有"本"的人总是更容易被眷顾。

价值投资者赚的是什么钱

2020年8月,随着亚马逊公司股价上涨1.2%,贝索斯的身价达到了惊人的1997亿美元,创造了新纪录。赚钱,赚的是什么?很多人不一定明白。

打工的人赚的是什么钱?无非是基本工资加上绩效,外加年终奖,靠的是工作能力、工作态度和工作责任。

做生意的人,赚的是什么钱呢?主要靠项目盈利后分红。到了这个层级,能力已经不用证明了,能力不行的人,也不会自己出来干。这群人靠的是对机会的把握、对人性的理解和执行的效率。

职业创业者赚的是什么钱?大头是股权的资本套现。靠的是让自己的公司值钱,为世界创造巨大的社会价值,成为行业举足轻重的商业组织,一旦产业价值凸显了,资本价值就来了,股权的财富效应也就出来了。

那一级市场的风险投资者赚的又是什么钱呢？主体也是股权套现。靠的是对人的判断，对趋势的时机把握以及对商业模式的理解，但核心是搭顺风车。找到好行业，遇见好团队，在一个好的时机投进去，然后坐等火箭起飞。

二级市场的价值投资者，赚的又是什么钱？还是股权套现。真正的价值投资者，靠的是押注最好的国运、最好的公司、最好的时点，但本质上也是搭顺风车的。

不难发现，这个世界上最有钱的人都是玩股权的，而站在最中心的一定是职业创业者，他们创造的社会价值最大，所以他们的创富效应也最大；其次是职业投资人。不管哪一类，这群人都是搭顺风车的，搭创业者的车、搭国运的车、搭经济周期的车，他们离火箭最近，但最重要的是，他们坐上了车。

价值投资者赚的是什么钱，你有感觉了吗？

生长型财富的源泉

央行前行长周小川曾说,十年后想买一款年化收益率3%的产品,都可能会像汽车牌照摇号那样,要靠运气了!这是危言耸听吗?不是,现实情况是银行理财从以前的年化8%、10%降到了6%,最近已经只有三四个点了。余额宝收益率最高的时候到过6%,前些天我一看都跌破了2%。

情况类似的还有改革开放的红利,60后吃到了"第一口螃蟹",70后基本上吃到了完整的一只,80后吃到了尾巴,90后、95后基本什么也没吃到,00后只能幸亏他们的老爸老妈吃到了。

所以,过去改革开放四十年大发展的时期,其实是我们过去历史中难得的激情四十年。这种好日子赶上了就是赶上了,但未来利率下行是必然趋势,投资回报率下降也是必然趋势。

房子也一样,三年就能翻番、五年成为人生赢家的时代也不

价值生长

会再有了，哪怕你家现在的房子被拆迁，也不可能像以前一样直接起飞了。有一段时间，我记得很多创业者非常苦闷，他们总跟我开玩笑吐槽"我们辛辛苦苦创业十来年，唉，还不如别人囤几套房"。

有几年的确是这样的，我们很多人做企业做生意都不如买房子带来的财富效应好。

但是，我们得静下心来好好想一想，真正的财富是什么东西？财富不等于"钱"啊，"钱"是这个世界上最不值钱的东西！"钱"是可以造的，但是"财富"是长出来的，一字之差，相差万里！我们过去做企业，不如买房子靠谱，是因为什么？是因为我们多数人做企业，都没跑赢我们国家这个巨型企业的大盘啊！相当于我们的个股做得稀烂，连国家大盘都没跑过。

我们所有人的房子升值，说到底，是因为我们国家的经济在发展，房子的红利，是经济发展的红利。你以为你买的是房子，实际上呢，你买的是城市经济的股份！房子就是一堆钢筋混凝土，再值钱，它能值多少钱？所以，我们一定要明白一个道理，世界上所有真正的财富，都是动态的，而不是静态的，它们像生命一样，在生长，在运动！我们一定要明白，财富是有生命的。

那么好了，问题又来了：未来什么样的财富，还能像生命体一样不断生长、不断发展？有且只有一个答案：不断自主迭代的创新型企业。在未来三十年，二级市场除了一些优质企业的股息会再增长，一级市场除了创新型的中小企业会再突破，我想问问大家：财富的生长机会还能在哪里？没了！你想破天，也没其他机会了！当所有人不敢创新，只想躲进体制内的时候，这时候又一波新的吃螃蟹游戏要开始了！但这个时候，是真的需要拼刺刀、靠硬实力的时候了，越是低迷的时候，就越需要革命性的创新者出现！

所以接下来，我们得思考三个非常求真务实的问题：

第一，我们家庭的资产配置，接下来是不是也得考虑生长性的资产？未来的生长性资产会在哪些地方？

第二，我们的企业，接下来该怎么使财富生长？除了自由的现金流以外，怎么依靠外部资本的力量来加速壮大？

第三，未来的投资者，我们又该如何面对全新的机会？一二级市场的边界已经非常模糊了，用一级市场的思维做二级市场，用二级市场的思维看一级市场的大融合时代，又该怎么做？

一句话：房产鲸落，股权崛起，人无股权者不富，资产唯生长者恒！

投资是一种思维方式

有孩子的朋友，如果我问你，只让你教一个能力给你的孩子，你会教他什么？

我有个女儿，这个问题也是我问自己的。

我应该会教她怎么做投资，严格意义上来说，是教她一种投资的思维方式。

我会很早告诉她，人生就是一场投资。这个世界上的任何东西都是有成本的，天下没有免费的午餐，没有付出就不会有收获，没有投入就不会有产出，你要获得什么，就必须投入什么。你想要身体健康，就得好好吃饭，吃饭就是投资；你想要美丽的衣服，那就得想办法去挣钱，付出劳动就是投资。

我会很早告诉她，投资不仅要有成本，还会有风险。比如，爱情是非常美好的，我们要相信爱情，但也要注意风险。喜欢一个人最终收获了美丽的爱情，是一种投资，但爱一个人被伤害就是风险。做任何投资，不能只看到好的结果，而看不到坏的风险。

我会很早告诉她，独立思考是投资的底色，做任何决定都要在自己的脑子里过一遍，哪怕是一件100个人里99个人都说对的事情，我也希望她能在自己的脑子里先过一遍。人云亦云，没有自己的独立思考作为支撑，即使投对了，也只是靠运气，迟早会还回去。

我会很早告诉她，投资是一种心性。什么样的心性，背后对应着什么样的风格，也意味着要修行什么样的人生。世界上有100种、1000种投资方式能让我们实现财富自由、人身自由，但我只希望她找到符合自己心性的那一种。孩子，不要单恋别人的花丛，要守住自己的美丽，投资最终拼的是绽放的持久，而不是一时的绚烂。

最后，我会告诉她：宝贝，与其说爸爸在教你做投资，倒不如说是在教你怎么过好这一生。当然，不管好不好，爸爸都将会是你背后最坚定的辅佐者。

投资与投机的真正区别

有几个人真正知道投资和投机的区别？坦白说，很多职业投资人都不一定完全清楚。巴菲特的老师格雷厄姆认为，投机，究其词源，意味着前瞻未来；而投资则与"既得利益"（Vested Interest）一词同源，承袭于过去的财产权与价值。

未来是不确定的，因此是具有投机性的；过去是已知的，因而是安全性的来源。怎么理解呢？在格雷厄姆眼里，只要是未来性的投资、不确定性的投资，都是机会主义，都是投机；只有过去时的生意，有充足现金流模式验证的、足够安全的，才是投资。这个观点还是挺有意思的。如果按照这个观点做推论，我们所有 VC 在一级市场的早期投资，在格雷厄姆的眼中，都不是价值投资，最多只是价值投机；而我们呢，都认为自己是成长型投资。过去十年，因为移动互联网泡沫，一级市场的确玩成长型故事比较多，这类价值投机在科技泡沫上升期才是主流，但一旦进入存量市场博弈后，大家为了坚守安全边际，就开始乖乖回归价值本身了。

除了格雷厄姆的这个定义，还有一个定义，我可能更为喜欢。所谓价值投资，玩的是安全边际，只要我判断价格低于价值，就是价值投资。以什么为标准呢？以巴菲特所讲的关于退市的理论，即我投资这家公司，即使它退市了，我也不担心，因为靠现金流慢慢分红我也能获取收益。所以玩价值投资，价格锚点很重要。放到一级市场中看，就是我投资这家公司，即使它没人接盘、没有后续融资，我也不担心，靠公司本身增长，靠现金流分红，我也能拿回投资，也是赚的。那么价值投机呢，玩的是预期博弈，我的所有投资，最后都是要靠对手盘才能退出，只要没有交易对手，我就无法获利，这就是赤裸裸的投机，不管你把自己包装得多么"高大上"，你还是投机，只是多了这个"价值"的外壳而已。

投资,不要有疆界

四年前,我突然明白一个道理,一个成长型投资者的眼光不能局限在某个投资阶段、投资领域。投资的第一性原则是高质量,投资的最大本质是确定性,所以投资者的视野不应该有任何疆界。

比如,一个简单的逻辑,全世界优质的上万家公司多数都在二级市场了,即使这样,伟大的公司可能也不过上百家。如果一个投资人只研究池塘里的小鱼小虾,那么他怎么理解大海里的巨鲸巨鲨?就像一个女人没见过男人界的"天花板",她很容易把癞蛤蟆误以为是青蛙王子,反过来也一样。

所以,一个真正的投资人,他最大的本职是在人类可见的范围内,寻找那些最高质量、最具确定性、最具成长性的投资机会,而不是把自己锁死在某个投资阶段、投资领域。

有人就说了,子皮啊,可是一个投资者的时间、精力是有限的，他的能力圈也是有限的啊。这点我当然同意，但是这个说的是我们的能力边界问题，而不是投资的第一性原则问题。基于能力圈，一个投资者应当在自己的行业认知、阶段认知下做投资，尤其是一些组织化的投资机构，它必须要给人一种在自己的专业领域里足够牛的形象，这点无可厚非。

但是抛开能力边界，对于"投资"本身来说，它就是不应该有任何局限，也不应该有任何疆界。而且更重要的是，价值投资的底色都是相通的。所以，这几年我拼命拓展自己的投资认知，完善自己的投资体系，无论是在一级市场、二级市场还是数字货币市场，我并不拘泥于某一个领域。我践行的准则就一条：在我过去的积累沉淀下，赚我认知以内该赚到的钱；在我未来的认知探索中，要敢于突破自己的认知去赚认知以外的钱。

注意，我们赚的从来都不是"钱"，是对价值的理解，对成长的理解，对财富的理解。而且还有一点非常重要，像我们这样的自由投资者，面对的对手永远是自己，不是别人。我们不需要做任何攀比，这没有任何意义。创业和投资都是反人性的，我们修行的都只是自己的内心。

顶级投资人都像个"废人"

我这几年观察到一点,所有赚到大钱的投资人,他们在生活方式上,都很像普通人眼中的"废人"。

怎么个"废"法呢?生活节奏慢,说话节奏慢,思考周期慢,平日里什么也不做,看上去游手好闲,也不知道他们成天在做些什么。这些人的精力去哪儿了呢?都花在阅读和思考上了,思考什么?——什么是真正的正确!这个正确,一年两年只要做对那么一次就够了。然后干吗?该干吗干吗。

一个反人性的现象就是,真正靠谱的投资都不是让你每天睡不着觉的投资,而是让你最省心的投资。如果一项投资,你每天都要操心它,完了,那这项投资十有八九要泡汤。天底下最好的投资,是不需要投后管理的投资;天底下最好的投资,是躺在床上就可以数钱的投资。

所以，好的投资人都特别有耐心，也特别佛系，在1%的时间里他们就像大猫，只有在扑向猎物的那一瞬间，动如脱兔，在99%的时间里他们都像一只木碗，安安静静待在那里，静如处子。

我有时候跟身边的一些朋友开玩笑说，如果我们的投资水平没有进步，得静下心来问问自己，我们是不是还不像个"废人"？

真正的狙击手，很少有快感

投资就是一个需要批判性思维的职业，投资不是好好先生，大多数时候它就是一个"冷眼观察者"。为什么会这样？因为这个世界上绝佳的投资机会，就像打棒球时要找准击球点一样，是很难抓住的。

不要说一级市场 99% 的项目都是不靠谱的，即使到了二级市场，这里面已经上市的四五千家公司，绝大多数也不值得投资。所以，投资是天底下最容易的事情，因为它只需要一个花钱的动作；但是它又是天底下最复杂的事情，因为光把本金收回来，对很多人来说都不容易，更何况还想得到高回报。

投资者就像狙击手，大部分时间都在等待。如果非要用一种动物来比喻投资者，我觉得秃鹫会比较合适，秃鹫大部分时间都在空中盘旋，直到真正的机会出现时，它一击即中。

但是很遗憾,真正出击的机会太少了!投资者大部分时间都是在观察、分析和调研,而且遇到的大部分项目都注定会成为分母。所以,凡是真正做投资的人,都会变成很难有快感的人,即使好不容易真的发现了一个好机会,投中了,那种快感也会转瞬即逝。为什么?这是意料之中的事,说明我判断对了,有什么好大惊小怪的呢?

不过,即使你出手了,大部分时间,你还是在战战兢兢、如履薄冰中度过的。因为再好的企业在这个不确定的时代,都会有变数发生。

而且,投资者发现机会容易,发现问题难。想要成为一个成熟的投资者,宁可谨慎,也不要过度乐观,宁可慢,也不要快。在一个好的投资机会面前,说服自己投的理由,永远比说服自己不投的理由多得多!如果你做投资,只听好的,不听坏的,是要吃大亏的。

大家要学会用逆向思维看问题。我在视频中正儿八经分析的项目,多半是靠谱的项目,如果真的是垃圾公司的项目,我干吗要花时间研究呢?但是,好公司也要有好卖点,之前我说过,投资一定要有耐心。真正的高手投一家公司前,可能会观察好几年,慢一点不要紧,错过不要紧,重要的是有确定性。

创业者才是最好的投资人

创业者,才是最好的投资人,世界上最好的投资人,几乎都是创过业的人。这句话可能有点武断,但至少 90% 都是创过业的人!

注意,我没有说没创过业就不能做投资。我只想表达一点:创过业的人,做投资成功概率更高!原因很简单,他们做企业不一定行,但是对企业的理解,对创始人的了解,比 99% 的人,特别是那些买股票只会看 K 线、追涨杀跌的散户,不知道强多少倍。

所以,我内心一直鼓励创业者们要多学点投资知识。第一,这能够使自己的行业认知变现;第二,这也是对自己创业的风险对冲。以前有些聪明的创业者、生意人,公司赚钱了他们就分红买房,这一招的确最稳,但是接下来,还管用吗?当然,还有些愣头青一心想做大,动不动就想融资、想上市,做白日梦吧!

改革开放四十多年，上亿家企业生生死死，截至 2022 年 10 月，A 股也就 5000 家不到的上市公司，而且包含一堆小市值公司。你拿计算器算一算，要成为其中的一员，这个概率有多大？凭什么你的那家小公司就是里面的一家？说得更直接点，绝大多数公司，注定做不大，也不适合做大，有些公司做小能活，做大即死，你信吗？

所以，不是我打击大家，大部分创业者能使一家小公司活下来，就已经是他们的宿命了。我还是那句话，做企业、做生意的人才是最应该学点投资的人，你们有认知优势，有一定的现金流，与其老想着把赚来的钱（说不定还是靠运气赚来的钱）扩大再生产，想着去玩资本，还不如去投资你们行业内最伟大的企业，投比你强 100 倍、1000 倍的头部公司。这个世界注定是 1% 的公司赚取 99% 的利润，打不过，竞争不过，就加入，成为他们的股东，不好吗？朋友，咱们记住一条：投资才是这个世界上最好的副业，没有之一！

散户的优势

过去几年，A 股的一个整体趋势是，散户投资机构化，机构投资价值化。于是，就出现了这么一个问题：以后的散户，该怎么做投资？

因为如果从投资研究的角度来看，我们个人是很难拼得过机构的，他们有上百人的投研团队，他们会做各种实地调研，有各种增发的低价吸筹机会，所以从信息差的角度来说，散户总是处于劣势的。那么，难道我们就一点都没有优势了吗？有！

第一，我们可以"抄作业"。无论是知名私募基金的持仓，还是各个 Top 级公募基金的持仓，这些作业是可以抄的。当然，抄作业的最大弊端就是会有严重的信息滞后，有可能你"抄作业"的时候，人家早就已经清盘了。所以，在这里我们必须要说清楚一点，为什么我在这里把"抄作业"标了引号呢？就是因为，此"抄"非彼"抄"，我们站在巨人的肩膀上，只是缩小了我们筛选标的的池子，但是真正的投资从来不是东施效颦，我们必须要有自己的独立判断。

这个独立判断的背后，最重要的，就是在"抄作业"之前，一定要先摸清自己几斤几两，特别是自己的风险承受能力。有句话说得好："欲戴王冠，必承其重。"风险和收益基本上是伴随关系。除了风险偏好，投资者一定还要明确自己的风格偏好，每个人的风格不同，策略就不同，在重大时刻的反应也会不同。

在结合了自己的独立判断，综合了自己的风险承受能力和风险偏好以后，这时我们做的任何投资决策都是自己的事情了，一切后果自负，不要去怪罪任何人。这才是一个成熟投资人该有的投资态度。

第二，散户一定要知道自己最大的优势是什么，是时间！散户没有业绩压力，我们在用自己的闲钱做投资，我们只投自己懂的东西，也不用在乎一年两年的波动，我们只在乎一家公司的基本面是不是按照自己的洞察力在发展，如果是，就继续持有，如果不是，就及时撤出来。所以，在二级市场，对于散户来说时间还真是我们最好的朋友。如果一个散户研究能力不够，而且没有定力，成天像猴子一样上蹿下跳，那么完蛋了，大概率他是要亏损的。

第三，我一再强调，投资是普通人最好的副业，而且我一再鼓励企业主做点投资，为什么？因为他们有现金流。做投资，现金流其实是非常重要的。如果一个投资者的现金流情况好，就算被套，如果我们坚信这家企业的基本面是长期向好的，那么我们依然能从容应战，还可以抓住逢低加仓的机会，从而摊薄投资成本；要是现金流不好呢，就麻烦了，一旦一个投资者将所有的闲置资金都投进去了，那么如果市场有了较大波动，这位投资者就会陷入完全被动的状态，弹药不足，你就只能干瞪眼，要么狠心割肉，要么高位站岗，结果，本来不想"追涨杀跌"的，也变成了"追涨杀跌"！

所以，对于绝大多数人来说，投资只能成为你的副业，不能成为你的主业，说得更直接点，人人都想着靠别人赚钱，那谁来干活呢？包括巴菲特，他从来都不是一个纯粹的投资人，你也不能把他简单地定义为一个投资人。无论是打工的，还是做企业的，作为非职业投资人，我认为还是要有自己稳定的主业，当你的主业收入稳定了，每个月都有持续的现金流，抗风险能力更强了，那么心态也就更平和了。

很多时候，心平了，财富就来了。

不要押上全部资本去投资

我奉劝大多数普通人，千万不要轻易全职投资或者押上全部资本去投资。

对于大多数普通人，真要做投资，我认为实际点，还是买基金更靠谱，买那些历史平均收益率至少经受过三年以上考验的，而且是金牛级基金经理管理的基金，即使这样，也不要买太多，并且要用闲钱去买。如果非要买只个股玩玩，也最好买自己最能理解的，否则也不要轻易买。

要做一个完全脱产的自由投资人，我认为没有 3000 万元以上的身家，没有 40 岁以上的年纪，都是有高风险的。绝大多数年纪轻的人，一旦全职去炒股，成天只盯着数字，就会越来越封闭，思维局限性会越来越大，人生边界也很快会达到天花板。

如果有的人结了婚，还需要靠炒股赚来的钱养家，那么他的心态迟早会变得畸形。每天脑子里都是涨涨跌跌，都是钱钱钱，那么你的人生会跟这个世界失去连接，你的生活会变得非常单调，性情也会变得非常冷漠，没有人情味。到最后，即使赚钱了，你的幸福感也会变得非常弱。

当然，我猜不少人一定会跳出来跟我提巴菲特这样的个案。这就是第二点要跟大家探讨的，也是我在这一篇最想跟大家分享的一个点。

巴菲特能获得今天的财富，股票投资带来的财富占比不超过他所有资产的30%，他的核心财富来源于三个部分：一是他的保险帝国；二是他收购的大量现金流公司；三是股票投资。他的股票投资，其实是有隐性杠杆的，就是来源于保险帝国和收购公司源源不断的现金流，相对于浮存金这样的负利率资金，他没必要冒险投资波动过大的科技股。不是巴菲特真的不懂科技公司，而是由于科技股的资金属性，巴菲特不需要冒这样的风险。

投资的两个核心支柱是高质量和确定性。即使对于巴菲特这样前无古人的价值投资者，他实现投资确定性的核心策略，也是用时间来抹平波动性，最终实现高回报。但是背后的真正内涵，是必须要有源源不断的现金流作为支撑啊！

他花大量的时间研究好公司，做个人IP的价值塑造，做各种各样的品牌PR，比如巴菲特午餐。他天天跟全球知名企业家尤其是像比尔·盖茨这样的顶级企业家混得风生水起，让最好的生意人，特别是家族生意人主动来找他，希望他们把好生意合理地卖给他，而且最好让他们继续帮他打理。

在他的人生里，他每天在接触好公司、接触顶级的人、接触先进的商业模式，他都90多岁了，还在发掘成长的空间！所以，他一直跟这个世界有能量交互，他永远在研究什么是真正的好企业，什么样的人是好的生意人，什么样的模式是赚钱的好模式，六七十年来孜孜不倦，充满激情。你以为他天天只盯着股票看涨跌啊，太天真了！

一个真正的价值投资者，最重要的投资，是投资自己的时间，让自己强大起来。越好的公司，其实越不需要事无巨细地去研究，定期跟踪下就行了。真正的价值投资都是偷懒的投资，也是最省心的投资。

有人说，子皮，你不也在全职做投资吗？二级市场的投资，坦白说占我的时间分布不超过20%，其中还有一部分是因为我要花时间把它分享出来，不然10%都够了。我现在在用大量的时间做投资者教育，通过我们的企投俱乐部，形成企投同盟，从中筛选项目，还有像现在这样，塑造个人的IP价值。我这种投资方式，其实还是创业。我是个创业者，恰好在做投资，仅此而已。

所以，你觉得巴菲特只是一个投资人吗？我很负责任地告诉大家,创业与投资永远不分家!巴菲特绝不只是一个所谓的价值投资者。最后,我还是想强调一点,无论是创业还是投资,我们一定要跟一线的企业家做能量交互,你要知道这个世界正在发生什么。切记,好的人生,一定是一个开放式的交互能量场,而不是封闭的静态能量场。

永远不要失去本金

150 亿美元，在一个晚上全部亏掉，这是一种什么感觉？一个韩国人，一不小心打破了人类有史以来最大单日亏损的世界纪录。这个可以说是 2021 年最惨的人，名字叫 Bill Hwang（比尔·黄），掌管了一个大约 150 亿美元的对冲基金，名字叫 Archegos Capital Management（阿古斯资本管理公司）。

这个哥们是个超级赌徒，非常喜欢用杠杆，据说常年使用 3～4 倍的杠杆。这次为什么玩脱了呢？因为他高度重仓的几只股票，很不幸，连续遭受了灰犀牛事件：第一个是维亚康姆，美国第三大传媒公司，因为大规模增发导致股价大跌；第二个是因为国内先前风传教培机构将遇强监管，引发跟谁学暴跌；第三个也是因为我们国内政策的大突变，导致悦刻电子烟的股价开始狂跌。

这么大一只基金爆仓，并且因为高杠杆，涉及的资金近 800

亿美元，并且这只基金又重仓了我们的中概股，所以它给大量中概股、杠杆提供方、经纪商，都带来了巨大的连锁反应。有消息称，SEC 也开始关注这个事态的严重性，担心这样的爆仓会不会引起市场出现更大的动荡。

这个事件最震撼我的是什么？我很好奇比尔·黄这个家伙，是个什么物种，为什么会有这么强大的心脏，在这么大的基金规模上，敢用那么大的杠杆？佩服，太有种了！虽然这个人失败得很彻底，但说实话，他的经历一定会在人类的整个投资史上，留下一个非常深刻的教训，这也是很有价值的。

因为好奇，我去查了下这个人的经历，发现这个人在过去二十多年里，一直是个超级赌徒，他创造过神话，也跌入过谷底，用周星驰电影里的一句话来形容就是"人生大起大落得太快，实在太刺激了"。

早年的比尔曾在老虎基金工作，这家基金的创始人叫朱利安·罗伯逊，在业内被视作教父级的人物。2000 年，老虎基金解散后，罗伯逊把自己获得的投资收益 15 亿美元，分给 70 名原老虎基金的交易员管理，他们这批人被外界称作"幼虎"，而比尔正是其中之一。

2001 年，"幼虎"比尔拿着从罗伯逊那里分到的 1600 万美元成立了老虎亚洲基金，只用七年时间，比尔就做到了 80 亿美元的规模，年化收益惊人地达到了40%以上。2008年金融危机，比尔上半年看准了形势大肆做空，本来一直处于盈利状态，突然在第四季度空转多，加上几次抄底失败，最后损失惨重，全年亏损了24%。以2008年为分水岭，他管的老虎亚洲基金每况愈下，再后面还被卷入了SEC的调查，说他涉嫌内幕交易，于是没办法，这个哥们从2012年起，就把老虎亚洲基金的资金全退了回去，不玩了。

但是没多久，他拿着过去做投资赚来的所有身家2亿美元，创办了家族办公室，玩起了对冲基金。在这个过程中，他迷上了杠杆，一直用3～4倍杠杆交易，而且这一次很幸运，他选对了一个大赛道，什么呢？亚太市场的中概股！在过去的八九年里，恰好有一大批我们的优质中概股资产登陆了美国资本市场，这个超级赌徒狠狠地抓住了这个机会，赌对了，短短几年，他从最初的2亿美元，一下子跃升到了150亿美元，整整翻了75倍！

对于一般人来说，都赚了150亿美元了，可以收手了，甚至可以退休了。很遗憾，这个超级赌徒玩的已经不是金钱游戏了，玩的是什么？心跳！有句话说得好，当你凝视深渊的时候，深渊也在凝视你。按道理，连续3起灰犀牛事件在同一时间段发生，是非常少见的，但偏偏就发生了。于是，爆仓了，并且是一次前无古人的爆仓，辛辛苦苦积累的巨量财富，高达150亿美元的股票在一天之内被强制平仓了。

朋友们，大家有没有想过一个问题：为什么这么多年来，被市场公认为股神的只有巴菲特一人？这个韩国人的惨败，就做了非常好的解释。这个世界上比巴菲特回报率高的人，大有人在，但他们当中，几乎没有一个有巴菲特那样长久的"生命力"。一句话就是，人家还活着，但你已经死了！

巴菲特已经90多岁了，依然很稳，你想让他出一次事都难。本来大家因为巴菲特几次在航空股上的失误，开始嘲笑他，结果呢，他在苹果公司这一只股票上就把钱赚回来了，还不包括比亚迪等其他股票。看到了吗？这就是慢慢变富的威力、时间复利的威力。

还记得巴菲特说过的那句话吗？投资的第一条原则，永远不要失去本金；第二条原则，牢牢记住第一条。

对于杠杆的理解，是我在这篇文章里最想跟大家分享的。杠杆这个东西，不是不能用，但一定要谨慎合理地使用。从正面角度看，我在2021年的趋势会上，就曾经分享过一个观点：所有巨量财富的背后，都有杠杆在驱动。

巴菲特就一直在用杠杆，他的杠杆就是他旗下保险公司的大量浮存金，包括他的"七圣徒"收购过来的公司每年上缴的大量利润现金流。过去四十年，我们中国大量家庭的财富积累基本上靠的是房子，但是这些家庭，几乎没有一个不是靠房贷的杠杆撬动起来的。最近十年，大量的 80 后财富新贵从互联网新兴经济中诞生，你看看哪一个背后没有资本支持？这些都是杠杆。

但是注意，这些杠杆都是赋能型的，都是长期主义的，都是可以用时间抹平的。只要合理使用，都不会涉及本金的永久性损失。可这个比尔·黄的杠杆，是所有财富杠杆中最激进、最危险的杠杆！他玩的就是一个零和游戏，因为在公司发展经营中出现灰犀牛事件是非常正常的，杠杆放大到 3～4 倍，出现几次 20% 以上的跌幅，就会触发平仓危险，可是科技公司股票有 20% 上下的跌幅太正常不过了。

黑格尔说，人类从历史中学到的唯一教训，就是人类从来不吸取教训。比尔的故事带来的教训是空前的，但一定不会是最后一个。

巴菲特底层的财富逻辑

今天我想讲讲巴菲特能成为首富的真正秘密,也就是他的商业模式究竟是什么。为什么我想讲讲这个最本质的东西,是因为我觉得太多人研究巴菲特没研究到根子上。

先问一个最核心的问题:巴菲特的商业模式是什么?也就是他的伯克希尔公司是怎么运转的?如果一个人上来就说,巴菲特不就是做价值投资,靠买卖股票赚钱的吗?这样的见解还处在街头认知的水平。还有人说,巴菲特是用了资金杠杆,通过收购保险公司,利用了大量的保险浮存金来做价值投资,这样的说法也只是点到了皮毛。

巴菲特的商业模式说简单也简单,甚至简单到你都不敢相信,因为他的商业模式就两个关键词:现金流驱动和资本配置。

资本配置大家都知道,过去几十年很多人讨论的都是巴菲特持仓的是什么股票,这个其实没什么好讨论的,但是有太多人研究了。我反而要提醒大家的是,研究巴菲特不能只盯着他的持仓,如果你的资产没有超过10个亿,抄巴菲特的作业,我认为是在东施效颦。为什么?因为长期以来,伯克希尔的股票资产才占到总资产的20%~30%,还有一部分是现金,2021年飙到了历史最高,高达1400多亿美元,但也才占到总资产的约16%,还低于2017年的现金比例(18.68%)。巴菲特的大部分核心资产是他过去几十年来精心收购的优质公司,这些公司才是他的真正基本盘。

所以,巴菲特现在能有这么大的财富基数,绝对不只是因为他的价值投资,也不只是做点资本配置那么简单。核心是他通过并购造出了一台可以源源不断创造现金流的资本机器,他用这些源源不断的现金流继续购买能创造更大现金流的企业,或者投资能够实现大量现金分红的企业!经历了长达半个世纪的稳扎稳打之后,伯克希尔实现了一个巨大现金流驱动的增强闭环控制系统,而巴菲特的手段恰恰就是资本配置。

比如,伯克希尔的第一大核心资产盖可保险,就是一个巨大的现金流公司,根据伯克希尔·哈撒韦2021年的年报,它的累计浮存金已经有1470亿美元。第二大资产是其100%控股的BNSF,BNSF是美国货运量最大的铁路公司,这家公司的现金流状况也是非常惊人的。第三大资产是苹果公司,伯克希尔持有5.4%的股权,这里注意,巴菲特买苹果的股票还是为了苹果的高现金分红,底层还是现金流逻辑,所谓的价值投资只是相当于"溢价"。大家还可以去查查伯克希尔旗下的子公司,绝大多数都是平淡无奇的公司,要么是本土经营的,比如 B 夫人的内布拉斯加家具城,要么就是有清教徒信仰的家族企业。这些公司看上去都很普通,但是无一例外,都为巴菲特贡献了大量现金流,没有这些现金流他就没办法持续地并购,也没办法更好地进行资本配置。

好了,现在你明白了为什么巴菲特不会投资高科技成长股,为什么巴菲特和芒格一谈起加密货币就大皱眉头了吗?高科技公司都是"吞金兽"啊!哪一家高科技公司不得先烧钱烧上个五年十年,才能变成现金流机器?加密货币从开始到现在,几乎一直都是金融收割机(除了交易所能够获利以外),哪一个能稳定地贡献现金流?如果哪一天互联网公司变成了像铁路公司一样的传统产业,现金流长期都很好,并且有高股息分红,你看巴菲特到时候会不会买。

还有一个解读,是关于巴菲特储存大量现金的问题。从 2020 年起就有这样的声音,说巴菲特是在等待美股泡沫破裂,准备抄底,一开始我也信了。但是后来我仔细想了想巴菲特的商业模式,终于想明白了,巴菲特储存现金的真正目的,更可能是为了抄底核心的优质资产。也就是说,一个从来都是在股票上做多美国、在资产上做空美国的超级资本家,这一次是什么给了他这么大的确定性呢?全球疫情!至于比亚迪这种,这是伯克希尔唯一的风险投资,压根不能算作是他们经典价值投资的案例。

所以朋友们，光用所谓的价值投资视角看问题是不够的，我们一定要学会用商业模式的视角看问题。巴菲特的商业模式是必须依赖现金流驱动的，他骨子里衡量一家公司的核心价值就一个指标：现金流。他要用现金流做估值判定，也要储备现金流等待下一次绝佳击球点，再加上保险资金的属性，也要求他必须保守，不能激进。

我从2017年开始研究巴菲特，总结了一句话：能取得巴菲特这种体量的伟大财富，靠的是他的投资模式，而绝不仅仅是价值投资！

巴菲特为什么不喜欢马斯克

今天我们来聊个比较有趣的话题,为什么巴菲特这么不喜欢马斯克,而马斯克也这么不喜欢巴菲特?

我们先谈马斯克为什么不喜欢巴菲特,底层原因就一个,也是多数人站在马斯克这边的原因:巴菲特不创造价值。一个成天看财报、分析各类数据、研究商业模式的人,除了赚钱、赚钱、赚钱,还给这个世界创造了什么?好像并没有。而马斯克呢,今天造电动汽车推动能源革命,明天造火箭走向火星殖民,后天搞星链卫星秒杀5G,一个字:牛!

再看巴菲特为什么不喜欢马斯克,核心原因在我看来就一个:马斯克是遍历性的绝对反面。什么是遍历性呢?通俗点说就是,只要给予足够的时间和空间,任何可能性事件一定会发生。我把它理解为一个能够穷举所有概率性事件的系统。

我们来举个例子——俄罗斯轮盘游戏。在这个游戏中，左轮手枪里，只放了一颗子弹，六个人轮流对自己开一枪，每轮至少死掉一个人，然后大家就分掉这个倒霉鬼的钱。这个游戏想必大家都知道，表面上每个人都有 83.33% 的概率能分到钱，概率很大，但是对于个体来说，有高达 16.67% 的概率会直接死掉，而且最可怕的是，一轮下来，百分之百会有人死掉！

所以，这个轮盘系统是有遍历性的，但对于每个参与游戏的人来说，是没有遍历性的。这种游戏，巴菲特说过，在他的人生字典里，即使那笔钱是 100 万美元，他也绝对不会参加。因为没有遍历性的游戏，只要对于个体有不可承受之重，再大的诱惑都是没有意义的。

马斯克就是那个每天拿左轮枪朝自己脑袋崩的家伙，但是巴菲特却是那个一生都在构建自己的遍历性轮盘的家伙，无论是保险公司的浮存金、他收购的七圣徒，还是他选股的四把尺，他用源源不断的现金流——空间，以及自己的寿命——时间，从空间均值和时间均值上都完美地实现了投资系统的遍历性。

到这里，大家就明白了，这两个人是在世界观和哲学理念上完全相反的人。马斯克玩的是无限的创造游戏，巴菲特玩的是有限的生存游戏。前者光彩夺目，但随时可能戛然而止，后者平淡无奇，却总能笑看风云，安然过好这一生。谁又能说谁的人生就一定比对方有意义呢？引领新科技是进步，但也有可能是毁灭；

有葛朗台这样的守财奴，但不还有梭哈致富的慈善家吗？

　　菩提本无树，只要不爆仓。好好活着，玩好各自的游戏，尽情活在当下，不都挺好的吗？

像巴菲特一样活着

熟悉我的朋友都知道,巴菲特是我的偶像之一,隔一段时间我就要聊聊他。神奇的是,关于他的话题似乎永远也讲不完。这一篇,我想聊聊他的生活方式。

巴菲特 90 岁生日时,比尔·盖茨亲自给他做了个蛋糕祝寿,但是对于伯克希尔的股东们来说,每年这个时候他们都会担心一个同样的问题:老巴还能活多久?他过世后,伯克希尔能否延续他的辉煌?是啊,很多人一直担心老巴的生活方式,你看这个家伙,都 90 多岁的人了,照样喝可乐吃汉堡,大量吃含糖的食物,想吃啥就吃啥,这怎么行呢?但是种种迹象表明,巴菲特目前的精力依然没问题。线上直播万人股东大会时,他一边喝着可乐一边吃着喜诗糖果,整整直播了 4 个多小时。

问题来了,巴菲特的身体为什么保养得那么好?他有什么秘诀吗?我了解巴菲特越多,越发现他的秘诀就是孔子在《论语·为政》里讲的七个字：从心所欲不逾矩。

一方面，从心所欲，就是指做事做人永远按照自己的内心走，在《滚雪球》里，用巴菲特的话讲就是按照"内部记分卡"行事。真正的价值投资是非常私人的事情，人一辈子抓住几次机会就够了，找到那些能让你躺在床上睡大觉也不会出事情的企业家和企业，剩余的就交给时间。其余的时间，全部用来扩展自己的认知边界，拓展你对这个世界的理解深度。能够快乐生活的人，才能快乐投资。你喜欢什么样的人、什么样的事，就投资什么样的人、什么样的事，跟自己喜欢的人一起共事，非常简单。你会发现，巴菲特的生活方式和投资方式是融为一体的，是有自己的节奏和韵律的，内心平静随喜，很少会焦虑。大家要知道，绝大多数的健康问题根源在精神问题，但是老巴在这方面完全不用担心，他对自己的投资理念、生活方式，像磐石一样，有自己的坚持，而这样的人，已经具备了长寿最重要的条件。

另一方面，不逾矩。什么叫不逾矩？就是有尺度、有戒律，不犯明显的错误。比如对于疫情，巴菲特跟很多美国人的态度就不一样，2020年3月疫情首次暴发后，他就直接三个月时间躲在家里没去公司，虽然也把他憋得够呛。6月，他回到伯克希尔上班，但是大部分时间就待在办公室，仅限于跟一两个员工交流，也不开会，出门老实戴口罩，坐电梯让别人为他按。再比如，打桥牌是他一生最喜欢的爱好，但是他一周只玩4次，每次不超过2小时，他给自己设了很严格的规矩。

巴菲特对我的工作生活有着非常大的影响。我过去做早期投资的时候很容易焦虑，今天担心会错失一个好项目，明天忧虑谁谁谁又抢了一个好项目；哪家知名 VC 又投了什么项目，他们为什么投，我们是不是也要研究下；谁在杭州突然爆出了一个大融资新闻，怎么在眼皮子底下我都不知道。风险投资遵循绝对的幂次法则，错过一个项目就错过了一个时代，1% 的人赚走了 90% 的利润，甚至更多。但是，这种投资状态，坦白说我并不喜欢。

是巴菲特让我重新明白了价值投资的真义，投资永远要把质量排第一位，人一辈子不需要太多机会，弱水三千，只取一瓢。在自己所擅长的领域，投资能看明白的东西，找到能绝对信任的人，哪怕只搭上一趟火箭就够了。什么顶级投资人，什么排行榜，又有什么意义呢？

投资应该是一件快乐的事，工作也是一件快乐的事，有一群喜欢的朋友更是一件快乐的事，其他的，夫复何求？所以，每当这个时候，我都会想起老巴的这句话：找一份你热爱的工作，和你喜欢的人在一起，笑口常开，以阳光的面貌面对每一天。

像巴菲特一样活着，把人生过得简单点，我觉得挺好。

｜价值生长

创投就是一场打金游戏

如果把人生当作一场自由开放度为满分 100 分的 RPG（Role Playing Game，角色扮演游戏），我们这帮人选择的角色就是商人。对于商人来说，我们玩的就是一个打金游戏的副本。

那么玩好打金游戏的最佳途径是什么呢？古往今来，要么靠投资，要么靠创业。我观察过不少投资高手的打金策略，基本上是怎么玩的呢？在筹码少的时候敢赌，而且标的集中，不是一般地集中，是绝对地集中，有敢于全押的勇气；当资金体量变大、筹码变多的时候，才开始进行一定程度的分散，并且开始把收益率的预期下调，开始追求稳妥。你再看创业高手的打金策略，他们是怎么玩的呢？在刚开始公司非常弱小的时候，他们就很敢赌，而且专注，不是一般地专注，是绝对地专注，有赌上公司所有资源的决心；当公司慢慢走向正轨、业务遇到天花板、筹码变多的时候，他们会考虑横切延伸，或者纵切延伸。看上去是进攻，其实是防守。

大家发现了吗？创业和投资，在某种意义上是不分家的。用资本的视角看企业，用企业的视角看资本。前者，会让你创业的时候更有格局，后者，会让你投资的时候更有底气。所以，在未来的商业环境下，商人要玩好这个打金游戏，只会低头创业不行，只会俯视投资也不行。所以，这个世界对人的复合型能力要求越来越高了，游戏也正在不断走向困难模式。

那么，要玩好这个打金游戏，如果只说一条原则的话，是什么呢？如果只说一条，我认为最重要的就是不能下牌桌，一定要一直玩下去。无论是创业，还是投资，今年好不代表明年好，今年差不代表明年差，但是只要我们还在牌桌上，那么幸运女神总有一天会垂青我们。而打金这个游戏，有时靠的就是那么一两个机会。真的，赚钱不需要多少机会，只要有一两个大的机会，就足够了。

所以，第一原则是什么？活着，等待大机会的降临。很多人就说了，子皮啊，你一方面说要敢赌，要有全押的勇气，另一方面你又说要学会等，这不是自相矛盾吗？朋友，要有赌性，但不是要赌博。玩任何游戏，要在重大时刻敢于冒险，而不是动不动就去冒险。你以为自己是猫啊，有九条命吗？有人说，我年纪轻，不怕，有的是时间。的确，年轻人的试错成本低，但你要知道你的机会成本也很高，一旦路走远了，再回来就很难。

其实，不光是玩打金游戏的人生副本，我们玩其他人生副本，不都是这么一个底层逻辑吗？

敢于投资伟大的公司

在吉姆·柯林斯和杰里·波勒斯写的《基业长青》里,有个观点特别有意思,他们认为成为一家伟大的企业有一条隐秘的特征,是什么特征呢?伟大的企业就像我们道家的阴阳八卦一样,都是兼容并蓄的,比如他们经常既要利润,也要理想;既要有不变的理念,也要有凶猛的变革;既要有长期主义理念,也要有短期业绩。

伟大的企业看上去都很矛盾,它们最大的共同点就一个:既要这个又要那个,通通都要!虽然《基业长青》这本书是讲企业怎么长青的,但你们相信我,这本书里面的很多理念套用到任何组织几乎都是适用的。《基业长青》里的标准就是既能脚踏实地,又能仰望星空。

说到底,为什么我们的组织能够所向披靡?我认为,最大的底层原因就是这种虚实结合的能力!不瞒大家说,看过我过往视频的人都知道，我做投资的标准，其中很重要的一条，就是看一家企业的管理团队，他们的企业文化里，有没有虚实结合的东西。太务实，天天只讲钱钱钱，甚至有点唯利是图的公司，我是不投的，纯生意人的天花板会非常低；但是太务虚，天天只讲情怀理想，也很缥缈，讲半天永远闭环不了，典型的"空谈误国"。

最后，我用《基业长青》里的一句话，来做个结尾：检验一流智力的标准，就是在头脑中同时存在两种相反的想法，但仍保持行动能力。这句话我真是喜欢得不得了，朋友们，这句话太值得我们做投资的人反复咀嚼、反复消化了。

神不喜欢廉价的信号

如果有三个投资人站在你面前，第一个人说，我管了十年别人的钱，每年都不亏，给出资人带来了年化 20% 的收益；第二个人说，我过去十年投自己的钱有亏也有赚，十年下来获得年化 15% 的收益；第三个人说，我过去十年操作模拟盘，每年都赚钱，年化达到了 40%。请问，如果你手上有一笔钱，会投给谁？

在正式讨论这个问题前，我们先说说塔勒布的一个观点。塔勒布是谁呢？他应该是世界上研究不确定性最透的几个人之一，号称"黑天鹅之父"，他的代表作有《黑天鹅》《反脆弱》《随机漫步的傻瓜》等。他在《非对称风险》这本书中表达的一个观点让我印象深刻，他反复提到在真实的世界里一定要风险共担，如果有人不愿意承担任何风险，却要享受好处，这样的人是有问题的。

比如塔勒布提到帕斯卡，帕斯卡认为如果上帝存在，那么相信上帝的人将会得到赞赏，如果上帝不存在，那么相信他的人也不会有损失，也就是说，相信上帝是一种无害的选择。这样的观点，在塔勒布眼里，是赤裸裸的机会主义，因为完全脱离"风险共担"的信仰，不是真信仰。怎么理解呢？如果你要信一个东西，就得付出代价，真正的信仰是有机会成本的，是要风险共担的。你要成佛，就要做出某种意义上的牺牲，那些求神拜佛只索取结果，从来不付出风险成本的人，是不会有结果的。塔勒布在这本书里说的一句话我很喜欢："神，不喜欢廉价的信号。"

回到开篇的这个问题，按照塔勒布的风险共担原则来看，第二个投资人回报率虽然最低，但是他却是最可靠的。风险共担这个原则，可以适用于很多东西，比如履历太完美的人，不要相信他的创业成功率会有多高，尤其是那些外资高管出身的人，因为他们身上没有伤疤。塔勒布说，伤疤是你曾经亲身参与"风险共担"的信号。这句话一针见血！一个人创业，自己没有任何机会成本，一分钱也不愿意出，只会让资本续命的人，大概率是钱一烧完，就对公司立马清算的人，这样的人，要离他远远的。一个人天天喊做多中国，但是一遇风吹草动，就往海外跑，把资产转移，国内安全了，就又化成爱国人士，拼命往回跑，这样的人，也要离他远远的。为什么？因为他们都有一个共同特点：只要好处，不承担风险。

普罗克汝斯说："没有奉献的爱就是偷盗。"在我看来，这句话适用于任何一种爱，无论是爱一个人、爱一个企业，还是爱一个国家。

第四章 投资，
是商业逻辑的思辨

不看好奢侈品经济

贝恩的一份报告说，2020年的疫情摧毁了全球大量的奢侈品需求，个人奢侈品行业的发展因此倒退了六年，然后说因为这次的疫情催生了本地化消费的趋势，所以他们认为，中国内地在五年后有望成为全世界最大的奢侈品购买地。

我对贝恩说的本地化消费趋势非常认可，但是对于中国会成为全世界最大的奢侈品购买地这个观点，还有一点保留意见。因为我的判断是，接下来中国只会有高级消费品，不会有所谓的奢侈品。直接点讲，我不看好奢侈品经济，也坚决不会投资号称自己是奢侈品牌定位的产品或者服务。

另外，我还要补充一句，未来五年，海外奢侈品品牌的市场份额一定不会再像过去那样井喷式增长，也不可能再像以前一样，把中国的有钱人当作没见过世面的暴发户疯狂收割，中国本土的中高端消费品牌一定会快速崛起，从而取代大量海外奢侈品品牌的市场。

为什么我会有这样的判断呢？我有一种很强烈的直觉，整个大消费市场的底层逻辑，后面都会发生微妙的变化。第一个大变化，就是我说的高级消费品和奢侈品市场的变化，这两个词看似相似，性质却天壤之别。高级消费品，代表的是人们对美好生活的向往，这是有进步性质的，体现着消费群体的升级，但是奢侈品自古以来代表的就是富人权贵的专属，是一小撮人的地位象征。

从人性上讲，奢侈品更多地体现了消费者自我炫耀的需求。很多人从麻雀变凤凰后，跳到了马斯洛需求层次中的尊重需求层次，他们必须用奢侈的东西宣示自己站起来了。自我炫耀的确是人之常情，这是人性中永远不会消亡的东西，但如果一个品牌非要将自己定位为奢侈品，很遗憾，这迟早会跟我们的价值观不符。

在我们共同富裕的长期理念之下，我们要一起追求高级的美好生活，但一定不会穷奢极欲，这也不会是我们的社会风向。我经常讲的一个观点是，我们的发展模式不会照搬德国，也不会照搬任何别的国家，但是消费文化和消费风气，可能会越来越像德国。

我们不仅要自力更生，还要全球大开放，同时也要提倡勤俭节约。一手节流，一手开源。在这种微妙的形势变化下，如果你是做2C生意的人，到现在还天天把自己的产品往奢侈品的定位上靠，至少我认为，头脑简单了点。

一句话，以后大家做产品定位的差异化，只会有入门版、中级版和高级版，绝对不应该有什么极奢版。对我个人来说，如果我要孵化一个新消费品牌，"奢"这个字压根都不会用，会彻底将它打入冷宫。

当然，如果奢侈品经济下滑，或者被高级消费品经济取代，从长期逻辑来看，二手经济未来的发展趋势反倒会比较正面。过去由于我们的消费习惯，总觉得二手的东西会差一些，用二手东西特别没面子。但事实上，在这个消费产能供过于求的大时代，太多的二手货其实就是一手库存。

我为什么不看好元宇宙

不要迷恋什么元宇宙，元宇宙在现在这个时间点上更偏向于概念炒作，现在很多项目只是挂羊头卖狗肉，非要往元宇宙上靠而已。某种程度上，元宇宙的出现，只是因为互联网行业需要用一个新的体系来"新瓶装旧酒"罢了。

某国外社交平台的创始人搞了个大事情，他想把该社交平台打造成一个元宇宙，但是我一点也不看好。

为什么我不看好呢？有三个核心观点。

第一，互联网本身就是虚拟世界，它只有这一张网，从 PC 时代到移动互联网时代再到未来的 AI 时代，不管终端怎么变，就一张网。所以，自万维网被发明的那一天起，元宇宙就已经诞生了！再怎么换皮，再怎么上蹿下跳玩概念，看上去再怎么高大上，本质都没变。

第二，如果要提高虚拟世界的沉浸感、体验感，VR头盔绝对代表不了元宇宙，最多就是个过渡产品。就像当年的VCD、DVD一样，单纯把VR当作元宇宙，这非常肤浅！而且，我坚定地认为，所谓的元宇宙在十年之内，真正杀手级的应用还是类似于赛博朋克这样的开放式游戏或者2B的虚拟办公，人们能超越物理空间产生一些相对有沉浸感的沟通体验。所以，我的判断很简单：社交平台想要打造元宇宙，这注定是一场漫长而昂贵的游戏，烧钱的速度也会慢慢消耗投资人对它的信心。

第三，我们国家需要的是研发型现实主义企业家，不需要那种成天想把人诳进虚拟世界的幻想主义企业家。真正的元宇宙就是现实世界，任何人企图把人类拖进彻底被"奶头乐"占据的幻象世界，有智慧的管理者都是不会答应的。

长远来看，人类宁可走向太空中的现实世界，通过航天科技反哺现实元宇宙，也不会把大量资源和精力消耗在走向幻灭的虚拟世界之中。记住：元宇宙只有一个，就是现实！虚拟世界是现实世界的映象，是补充，但不是替代！

当然，熟悉我的老粉丝都知道，我曾经也一度认为，未来的趋势，是人类会不可逆地向虚而生，因为我们都发现，现代人越来越沉浸在虚拟世界里不能自拔，但这两年，我开始复盘和不断反思。

人类向虚而生，真的好吗？这是我们该去的星辰大海吗？难道等我们老了，我们希望活在一堆由代码构造的虚拟世界里吗？如果现实世界本来就是虚拟的，我们又何必舍近求远呢？

现在，不仅是我们，还有我们的孩子，越来越陷入人为设计的欲望陷阱里。大家不觉得，过度沉溺于虚幻世界也是个大问题吗？所以还是那句话：我对元宇宙不感冒。我奉劝大家，回归现实的元宇宙中吧，多陪陪家人以及身边人，重新唤醒我们与人相处的能力，唤醒我们爱的能力，这些东西会让我们受益终身。

| 价值生长

江湖,不一定非要你死我活

听到两个声音,一个声音说,传统的搜索电商平台,快要不行了,它上面的上千万商家,迟早会集体进军短视频电商平台,去做直播,去做短视频,未来几年,内容电商可能会成为电商的新战场;还有一个声音说,现在的短视频啊,盛极必衰,商业氛围越来越浓,都已经快分不清是内容还是广告了,迟早也要出问题。

这两个声音谁对谁错呢?先不急着下判断,我们来聊聊底层逻辑,看看传统的搜索电商和新兴的内容电商的区别。

打个比方,如果我们把电商看作在鱼池里抓鱼的人,那搜索电商和内容电商的区别在哪儿呢?首先,内容电商,主要是以短视频为主,大家刷短视频的时候,就是在享受碎片化娱乐,商家就相当于用内容当鱼饵,丢到鱼池里,鱼一看到鱼饵就想吃,就会主动游过来。丢虾米味的鱼饵,能抓到 10 条鱼;丢鸡肉味的,能抓到100条黄鱼。只要你内容够味，鱼儿想吃，东西就卖出去了。所以，只要你的内容足够好，按照短视频的算法，可以把你的鱼饵放到更大的池子里，让更多有相同口味的鱼看见，被你抓到的鱼就可能更多。对一条短视频来说，只要你的鱼饵能让更多的鱼感兴趣，能不断吸引用户，那么日活跃用户数量就会非常高，你就不会缺流量。也就是说对商家而言，只要创作好内容，就可以在鱼池里公平竞争！

说白了，短视频平台上的商家，没有哪个能赢家通吃，这对小商家来说比较友好也比较公平。但是传统的搜索电商的逻辑就完全不一样了，鱼池里的鱼都是带着目的来的，商家要做的就很简单，只要在鱼池里放张渔网就行了，渔网好，鱼抓得就多，1000条鱼过来，跑掉900条，被你捕到100条，转化率为10%。所以，商家有两种策略：要么打扮店铺来提高转化率，花钱买黄金位放网，这叫站内营销；要么到抖音、快手、小红书这样的内容平台，导流量进来，这叫站外营销。

所以，为什么传统的搜索电商一直患有流量饥渴症呢？为什么阿里收购的所有公司，都在为自己导流呢？因为它只消耗流量，不生产流量，只能买买买，于是，流量越买越贵，商家赚钱越来越少，平台赚钱越来越多。所以你看，搜索电商本质上是中心化的，流量掌握在平台手里，谁有钱，流量就给谁，小商家没钱买流量，就很难做；短视频电商的流量是去中心化的，你有好内容，算法会分发给感兴趣的用户，于是那些小商家，只要经营好自己的一亩三分地,就能活下来。

那么商家就会思考,你这里都要花钱买流量,那我干吗不直接去有流量的平台卖货呢?凭什么非要给你一大笔钱呢?所以,一波商家就转去做短视频电商了。这就是很多人认为搜索电商的模式迟早要不行的原因,因为他们认为它没有生产流量的能力。但是这里又有一个问题出来了,你到短视频电商平台上,就一定能捕到鱼吗?不是所有商家都会生产内容,内容的持续输出是一件非常困难的事情,这个东西有时候还真需要点天赋,哪怕你今天不小心火了一条,你能保证下一条会继续火吗?

最后,大家都成了算法的奴隶,同质化的东西越来越多,套路和范式用久了,也不可能一直爆,这对商家来说挑战太大了。于是,就出现了一个持续性和稳定性的问题:搜索电商,虽然流量少,但起码是稳定的;短视频电商呢,本质上玩的是兴趣电商的逻辑,虽然流量大,但并不稳定。搜索电商靠"买买买"产生的流量效应是没有一条爆款短视频的效果来得强,但只要有整个电商生态在,那么它的基础流量至少是稳固的,重要的是它内部怎么创新,怎么做好用户体验。现实世界的大卖场当年不也天天喊着不行了、不行了,死了吗?根本没死!

很多仓储式会员超市,用户体验做得好的,生意照样火得不行。现实世界的大卖场都没死,凭什么说虚拟世界的大卖场就一定会死呢?同样地,爆款视频的流量效应是很强,但是如果大家迟迟赚不到钱，做内容的人总是没办法变现，你说有多少人能一直坚持下去？

所以，短视频电商也是要做起来的，哪怕商业氛围会影响到一点内容根基。

再次强调我的三点结论。第一，不用担心传统的搜索电商会死——恐龙会死，但没那么快，所有庞然大物倒下都是因为自己，不是因为别人；第二，不用担心内容电商，它的商业化进程是必须加强的，只是一个平衡问题，要反过来想，只有让做好内容的人赚钱了，才会越来越强；第三，按照未来的趋势，做电商生态的网购平台一定会切入一部分内容，沉淀流量，做内容生态的短视频平台也会切入电商，加强变现。江湖很大，真的不一定非要争得你死我活。

所以，对于做生意的人来说，永远要吃着碗里的，看着锅里的。

共享经济的秘密

我们首先要理解什么是共享经济。

所谓共享经济,本质上都是租赁经济,只是偷换了一个概念,租赁经济的秘密核心在于两点。

第一,需不需要重资金投入?有些共享模式是平台方重资产投入的,比如共享单车、共享衣橱,都是平台方重资金买车、买衣服,垫付了大量资金。要命的是这些资金还转化不了资产,折旧超快,而有些共享模式压根不需要投入资产,平台方就是信息中介。

第二,需不需要高成本日常运维?共享单车模式在封闭环境测试下,比如在校园、景区,因为没有耗散效应,是可以做到低成本运营的,但是一旦放开到全社会开放系统,就彻底暴露了这个模式高成本运营的真面目,而且它的价格弹性敏感,只能通过不断提价的方式来覆盖高额的运维成本,这是这个模式最大的弊端。

共享衣橱也有这个毛病,不仅要重资产投入,建仓压货,而且需求低频、获客成本高,同时依然有极高的运维成本。为什么?因为服装生意是个非标生意,具有高度个性化,运营复杂度太高了!

再说 WeWork,共享办公看上去好像是轻资产,但是财大气粗的 WeWork,一租就是很多年,押付了大量资金不说,而且为了体现高档次办公环境,WeWork 还投入了高额的装修成本,这些成本都是固定成本,一旦投进去全是钱,而全球上千个空间的招租运营,又需要大量的运营人员在本地拓展,拓展完还要继续服务里面的各个小团队,一遇到经济周期的下行阶段,创业环境恶化,所有成本都将沦为沉没成本,根本没有回旋的余地!共享厨房跟共享办公基本上也是一样的,看上去是轻资产,其实也是重资产,各种水电装修都需要成本,最关键的还是运维成本太高,光是消防、公安、食品安全等各类检查,能受得了吗?你确信能全国复制吗?

因此,这么多共享经济模式里相对最赚钱的就是共享充电宝的租赁经济模式了,因为它完全符合上面说的两点:不需要重资金投入,也不需要高运营成本。第一,相比共享单车、共享衣橱,共享充电宝的资产投入相对较小,而且机器的寿命较长,更重要的是，一开始是公司砸钱铺市场，到后面全是招商加盟，让代理商帮你铺，共享充电宝的模式到中后期已经是2B了，哪儿来的重资金投入？第二，最核心的，共享充电宝的运营成本比WeWork、共享单车、共享衣橱都低太多了，机器往那儿一放就行，后面就只需要考虑折旧了，几乎没有任何运营成本，唯一的一点电费还让商家给承担了。

共享充电宝的模式虽然赚钱，但最大的问题是天花板非常有限，几乎没有任何竞争壁垒。如果有代理商在本地有资源、有渠道，能低成本拿下车站、酒旅、餐饮这些资源，甚至可以自己买机器，贴个牌子铺进去，不一定会加盟街电、怪兽这些公司。

所以，大家也看到了，那几家共享充电宝的头部公司好像每一家都有技术、有资金，但是竞争了几年，谁垄断了吗？业务的盈利情况稳定了吗？没有啊！美团充电宝随便一操作，一下就挤进大部分商家店铺里了，为什么？因为对于商家来说，放一台也是放，放两台也是放。

还有，虽然出门在外给手机充电已经是重度刚需了，好比吃喝拉撒，但是共享充电宝也已经慢慢变成一个基础的民生设施了，几个大的充电宝公司是不可能联合起来无限制涨价的。现在常见的价格区间是2～5元/小时，热门景区、酒吧的价格甚至到了10元/小时，看上去毛利高得吓人，但是，消费者开始集体投诉了。

从 2021 年 6 月开始，几家共享充电宝头部公司都被约谈了，市场监管部门也已经介入管控了。因此，充电宝的市场增量，在规模和价格上，都有极其明显的天花板。"共享充电宝第一股"怪兽充电，从连续五个季度盈利变成净亏损近 8000 万元，变化之快不过一夕之间。

在我看来，共享经济模式最核心的秘密，除了是否为轻资产投入外，最重要的是能否做到低成本运维，这个才是共享模式的"七寸"所在。但是共享经济的底色是模式创新，想找出一些核心的门槛优势是比较难的。

跟水相关的生意都是好生意

我去看了N饮用水公司的招股说明书，看完跟很多人一样，才发现原来卖水的生意竟然这么赚钱。

一瓶两块钱的N品牌矿泉水，成本是多少呢？8毛左右。销售毛利率约60%。卖水的是不是都能做到这么高的毛利率呢？不是，K品牌的纯净水平均毛利率在30%左右。再看看销售费用率，N公司整个公司的销售费用率在24.2%，这个很正常，食品饮料类公司都是重营销轻研发，主要费用都花在营销和销售人员上。但是N公司厉害在，在包装水年复合增长率平均17%以上的情况下，它的整体销售费用率却在逐年下降。这个就太厉害了！

	截至12月31日年度					
	2017年		2018年		2019年	
	毛利	毛利率	毛利	毛利率	毛利	毛利率
	人民币（百万元）	%	人民币（百万元）	%	人民币（百万元）	%
包装饮用水产品	6.123	60.5%	6,656	56.5%	8,633	60.2%
茶饮料产品	1.505	58.0%	1,764	58.1%	1,873	59.7%
功能饮料产品	1.528	52.0%	1,655	49.8%	1,922	50.9%
果汁饮料产品	561	38.2%	762	41.1%	802	34.7%
其他产品	92	24.9%	84	17.4%	81	18.1%
合计	9,809	56.1%	10,921	53.3%	13,311	55.4%

图1　N公司2017—2019年毛利率
（图片来源：N公司财报）

巴菲特讲过一个概念，叫限制性盈余，通俗讲就是，如果你赚1元，得投入0.8元，赚2元，得投入1.6元。不管你赚多少钱，这种经营性利润就是限制性盈余。因为你赚得越多，投入也越多，而且一旦停止投入，竞争优势还维持不了，最后会导致连前面20%的毛利都没了，这种生意就是比较差的生意。可以说，有些电商平台上的很多卖家都在进入这种恶性循环，所有赚的钱都在库存上，如果哪一天突然卖不动了，一下子就玩完了。

但N公司不是，它的大部分营销费用都投入在它的新品类上，比如它的茶饮料和功能性饮料。他们近几年的广告投放在减少，不过它的销售收入却在不断增长，市场份额占了约20.9%，已经比第二名高八个多百分点。还有一点，N公司的现金流非常好，它的销售主要靠经销商和直营，经销商渠道占了约95%，全部是先款后货，绝不赊账。

所以，N公司妥妥的就是一台"印钞机"。

有人可能会问，N公司的护城河是什么呢？

第一个，N公司在中国最好的10个天然矿泉水发源地都开了包装水工厂。2021年1月，N公司在武夷山自然保护区还被投诉，理由为破坏环境取水，但对于消费者来说，侧面证明了它的确是大自然的搬运工，反而强化了对它的品牌信任。像这种天然取水点，以后门槛会越来越高，你觉得它的护城河能不牢靠吗？

第二个，就是它的4000多个经销商覆盖的超过237万个终端零售网点，这种级别的销售网络，一个后发者想要再复制一个，不光是钱的问题，还需要时间。

第三个，N公司本质上还是一家广告公司，创始人为人极其低调，却是一个营销天才，多个知名品牌都出自他手。

看完这份招股说明书，我有了不少灵感。我突然发现，只要是跟水相关的生意，基本上都是高毛利的好生意，甚至是暴利生意。最暴利的就是茅台，它的毛利率高达90%以上，还经常买不到，不光买不到，买到的人还会囤，囤越久越值钱，还有古董属性。不仅有古董属性，流动性还很好，随时可以变现。放眼望去，全世界这么好的生意除了茅台还有谁？

我过去十多年主要投TMT，在我们互联网领域经常也会出现一些暴利生意，但并不稀奇，因为互联网产品有网络效应，导致它的边际成本理论上可以无限趋低，不过它的最大问题是用户的转换成本也低，有时起来得快去得也快。除了以茅台为代表的酒水暴利行业，还有一些跟水相关的暴利品牌，比如可口可乐、百事可乐，截至2021年，这两家的毛利率分别在60%以上和54%以上，卖酱油的海天味业的毛利率在40%以上，还有一些高端护肤品，毛利率至少80%。

用这么多案例就是想告诉投资者和创业者们一个事实，跟水相关的生意还真的都是好生意。当然，好的生意，竞争的门槛也越来越高，这对于投资者是好消息，对于创业者就未必是了。

D 出行公司的资本游戏

风险投资的资本游戏玩家,最有代表性的可能莫过于 D 出行公司了。

我看完 D 公司 2021 年的招股说明书之后,最大的感受是什么呢?它真的是硬生生被资本喂出来的,而且是被喂得最多的一家,几次还到了非常危险的时刻,挺不容易的。

截至 2021 年,D 公司应该是融资轮次最多的一家公司,到 2019 年,它至少融资过 21 轮,整整融了 200 多亿美元。

一般来说,按照硅谷风险投资的经验,要成就一家 10 亿美元以上的独角兽公司,至少要烧 1 亿美元,按照 D 公司的这个投产比,如果不能超过 2000 亿美元,那么这个资本效率就有点低。

说实话,我个人最佩服 D 公司的一个能力,就是能让资本买单的能力。在这么多互联网公司里，D 公司的融资能力绝对算得上是它的核心能力。D 公司的这份招股说明书里有一个数据是非常有看点的，就是它第一次公开披露了它旗下几个子公司的最新估值。

D 公司最重要的四个子公司业务中，共享单车业务估值 19 亿美元，融了 2 亿多美元；自动驾驶业务估值 34 亿美元，两轮融了 8 亿多美元；货运业务估值 28 亿美元，融了 12 多亿美元；电商业务估值 18 亿美元，融了 9 亿多美元。

不难看到，D 公司旗下这些子公司的估值加起来都快有 100 亿美元了，累计融资的金额又是一个惊人的数字，毛估有 30 多亿美元。融资 30 多亿美元现金，公司估值约 100 亿美元，你看，全是资本撑起来的估值。

风险投资进入中国不到三十年，D 公司对风险资本的利用可以说达到了前无古人的地步。看好一个大风口赛道，只要能跟自己沾点边的，成立 BU（Business Unit，业务单元），然后分拆子业务，包装成一个单独公司再融资。成熟的团队，经典的打法，雄厚的资金，高举高打，快速起量，做大估值。

我甚至觉得 D 公司内部的融资部门都可以单独成立一家投行公司了，因为太强大了。

有意思的是，这些背后的大 VC 也乐于支持 D 公司这些子业务。

这里面有一些隐性又直接的东西，投完全没被证明过的创业团队，哪有投 D 公司内部孵化的高管团队来得靠谱？何况还有 D 公司这么个庞然大物在背后支撑，投资的安全边际足够高啊，如果实在不行，还可以让 D 公司并购，一起打包上市。

你看，退出渠道都设计好了。

所以这几年，巨头公司内部的独立分拆业务，是各大 VC 最喜欢的项目，可以说简直到了闭着眼睛投的地步。

但是，话说回来，还别说，其实这个范式是风险投资成功率最高的，这类项目只需关心三个东西：一是方向是不是真的确定性很高；二是巨头公司是不是真的要押重注；三是"我"能不能抢到份额。

以 D 公司自身为例，共享出行这样的平台，它的背后本质是供给侧驱动。谁是供给侧？就是上千万名司机和几千万辆能调度的车，只要这两项搞得定，这个项目就成了一半。还有一半是什么？政策风险。但是随着你的体量变大，风险系数会成反比下降。如果自己还能解决海量的就业问题，那么一旦做大，政策风险长期来看，可以趋于零，除非自己作死。

这时候，只有一个最核心的问题：怎么保证 D 公司有用不完的钱？钱钱钱，就是做成这个项目的最后保障！于是，只要创业团队正常，足够能干，还能死扛，只要大家抱团把钱投给这家公司，一起捧到底，就赢了！这时候，哪怕公司不想成也不得不成！

熊晓鸽在某次采访中曾无意间说过，风险投资到了最后就两个字——"江湖"。很直白，但是的确很接近事实。你进不了那个极小的圈子，喝汤没问题，但吃肉很难。

最后，再补充一个核心观点：凡是供给侧驱动的平台公司，资金体量会是高手之间唯一的核心竞争力，这个时候，创业的难度系数就是资金体量的系数，于是，融资能力就成了最大的竞争力。

知识社区的商业潜力大吗

记得十几年前，Z知识社区平台的天使轮，我参与过他们的电话会议，当时的确没看懂，很遗憾错过了，现在这家公司上市了，抱歉，可能我还会错过，还是不会买。为什么？

坦白说，在商言商，我对这类知识社区平台的商业前景一直有很大的困惑。

第一个，最大的困惑，这类平台的用户群体的商业价值究竟有多高，我非常不确定。

就比如Z公司是家慢公司，从用户群体上看，它跟另一家互联网慢公司——D公司很像。这两个公司都很慢，因为它们背后的基因都需要长期的内容沉淀，才会显现巨大的威力。但是这两家公司的群体都偏知性青年。凡是做知性青年用户的生意，想要商业化都会很累、很难。一句话，越"知性"，越鸡贼。

一个号称人均学历985、月入25 000，动不动刚下飞机、人在美国的群体，看什么都会认为你在收割智商税，甚至会嘲讽：就这个水平也敢拿出来卖？在这点上，我认为Z公司这几年的破圈是非常对的，如果不破圈，它更难商业化。

第二个，知识问答的替代性问题。这几年，短视频知识博主的兴起，对文字类问答冲击是非常大的。看看这几年的用户在线时长，短视频已经成为所有互联网产品里在线时长最高的应用，而知识类视频是其中很大的一个品类。Z公司虽然也开始入局短视频，但很显然，它跟三大短视频平台在运营水平上还差得挺远。

第三个，知识社区的供给侧问题。很多看好Z公司的投资人说，Z公司现在是中国问答类社区的垄断者。可问题在于，结构性的问答，一个百科就够用了，非标的问答完全要看KOL的回答质量。好了，问题来了，这几年，全网最有影响力的UP主，有多少是从Z公司出来的？抱歉，我几乎没看到过。不光没出来，KOL还一直在出走，问题在哪里？又回到了第一个问题：赚不到钱。好了，进入了一个死循环。

大家一定要明白，所有内容类社区，第一性指标不是用户数，而是内容供给者，是大大小小的内容KOL，短视频社区也一样。看哪个社区能可持续发展，就看它的供给生态健不健康，看内容供给者的影响力大不大，能不能赚到钱，就这么简单。

新消费该怎么投

2019年、2020年，我们经历了新消费行业从火热到逐渐冷却的过程。从2021年下半年开始，资本市场已经在大量唱衰新消费了，很多本来投新消费的也都转去投硬科技了。

更有媒体放话：三年后，99%的新消费品牌都会死掉。但是，讽刺的是，当年鼓吹新消费品牌的，就是这群媒体。我记得2019年、2020年那会儿，各大顶级资本机构、互联网大厂都盯上了新消费赛道，那时候市场的热度如日中天。像什么元气森林、江小白、完美日记、奈雪的茶、泡泡玛特、拉面说等新品牌，在资本市场，大家天天把它们作为新消费品牌的标杆。

那时候，很多人都相信一个新口号：所有的消费品类，都值得重新做一遍！

那么为什么才短短几年时间,新消费突然就跌落神坛了呢?

这几年到底发生了什么?新消费究竟还有没有未来?今天我们就来讲讲这个话题。

讲新消费之前,我们要先搞明白,新消费到底是什么。新消费的这股风,如果要追溯源头的话,可能要从美国说起。因为所谓的新消费,在美国的概念里,叫 DTC,也就是 Direct To Consumer,指的是一种直接面向消费者的销售方式。

从这个概念上来说,我认为新消费的鼻祖级品牌,还得数乔布斯的苹果。中国靠新消费这个模式做得最成功的又是谁呢?毫无疑问,就是小米。所以,当我们在谈论新消费的时候,如果你搞不清那么多概念,就看乔布斯和雷军的做法就行了。

你想想现在发布新品的时候,上来就是电影院式的演讲直播,上来就是全国几百家旧媒体、新媒体、自媒体的狂轰滥炸,上来就是产品预约的饥饿营销,上来就是用户参与的各种花式体验感受,当然这里面可能有八成都是托儿。

这些新玩法,本质上我认为都是新消费时代下的创新。所以你看,你往前追溯,还得是乔布斯的新范式。人家去世十几年了,到现在他的各种商业遗产还在,这就是真正杰出的企业家带来的影响力!

好了,如果你认同我前面对新消费的源头解读,那么,你就知道,所谓的新消费,本质上是什么,就是营销模式的变革,其他没什么变化。我在2017年、2018年投新消费公司的时候,给在场的投资经理开会,说得更直接,我说我们投新消费,就看这个团队的顶级营销天赋,投新消费,营销是一切,一切是营销!

那么,进一步追问,为什么营销模式会发生变革,销售模式会发生变革?简单地讲,就是现在主流消费人群的注意力通道变了嘛!现在年轻人的注意力都在哪里?都在网络上,特别是在社交媒体、短视频平台上。美国也一样。

商业的底层逻辑有几点是不会变的:注意力在哪儿,流量红利就在哪儿;流量红利在哪儿,注意力经济就在哪儿;注意力经济在哪儿,消费级生意就在哪儿!

所以你看,新消费品牌,最早脱颖而出的一些品牌无一例外,都是靠网络爆红的。美国主要靠 Facebook 和 Instagram 这样的社交平台蹿红,我们主要通过微博和短视频平台。

中国这几年火爆的新消费品牌,几乎也都是先从网络上火起来的。有些知名小品牌甚至只靠网红带货主播的直播间,一下子就火起来了。

当然，要注意了，新消费能起来，在这里是有一个前提的：互联网新的销售通路背后，是电商的发达、物流的发达。想想看，如果直播电商背后，没有发达的淘系电商生态，没有抖音上迅速起来的抖店生态，玩什么新消费？玩不起来的！

过去一个新的消费品牌要横空出世，在电商生态没有成形之前，就是要一个个去攻占传统的线下商超，要一点一点渗透它们的货架，要付陈列费，要跟采购商们斗智斗勇，要大量地搞经销网络。但是现在呢，你只要提前把店铺开好，跟各大主播谈好，或者把自己的短视频账号内容定位搞好，直播定位搞好，一上来就可以砸钱玩流量，流量一来，订单就来了。

新消费品牌的核心变革，就在于冷启动阶段，也就是前端营销端的流量抓取能力，本质上就是怎么快速抓住你看重的消费群体的眼球经济。更细一点，面向新的流量渠道、新的内容展现方式，你在面对你的消费群体的时候，对应的营销话术、营销语境、营销内容是不是也得进行全面创新？

以前淘宝店铺靠几张精美的图文照片，就可以向消费者销售，甚至是预售，现在呢？得用视频了！做视频现在内卷也越来越厉害了，每隔一段时间，你就得变着花样去展现自己视频的表现力。看到了吗？新消费现在也不是那么好做了！

好了，到这里，我相信我已经把新消费的特征说得够透彻了。

接下来要说说新消费的弊端,或者说一些还需要注意的地方。

首先,我们说的新消费,除了渠道变了、展现方式变了、销售通路变了,产品的内核变了吗?产品的生长周期变了吗?产品的使用体验变了吗?没变!

就像农产品,本身再变,能变到哪儿去呢?当然,产品的包装也会做点变化。所以,我们就明白了,在新消费时代,在产品供大于求的过剩时代,新消费卖得更多的是内容价值、情绪价值,产品本身的价值是没有任何变化的。

你的新消费营销做得再好,产品如果不好,也就这么一拨人能被你消费,很多人认就认了,但是还有后续吗?没有了!所以,做新消费品牌,虽然说营销是一切,但是必须加个前提,产品是根本。你的根都没了,营销再好,死得也很快,就像一阵风一样,吹过去就没了!

其次,消费心智是不可能靠几个现象级的视频、几篇现象级的文章就能真正建立起来的。我前面一再强调,新消费的优势在于冷启动阶段,这对我们投资人来说是个好事情,我扔个几百万、几千万,很快就可以试出来这个品类能不能做,但是这不代表新消费品牌就可以无视品牌的生长周期啊!

就我的观察来看,一个好的品牌要建立起来,是需要长期的品质保障、用户信任以及品牌心智这三个东西才能巩固起来的。简单点讲就是，任何一个品牌的建立，都需要品质、信任、心智和时间四要素的结合。

新消费纯粹只是在销售通路、营销方式上做了点变革，其他的没有任何改变，这一点我强调多少遍都不过分！

所以，这几年这么多资本、这么多企业犯的最大的错误是什么？他们无视一个品牌建立的生长周期，以为靠短期烧钱，做出单品爆款的模式，自己的公司就能变成一家好的新消费品牌公司。这是件非常天真的事情！

说得难听点，我们很多的所谓"新消费品牌"，顶多就是"新消费名人"，有些甚至只是个"新消费人名"，离真正的"品牌"还远着呢！数据不会说假话，我看到一个数据，现在市面上的所谓新消费品牌，它们的半年复购率大多数低于20%，超过75%的消费者，其实只认可他们家的单品而非品牌！

但是问题来了，如果这时候这些新消费公司不反思，然后在自己的产品复购率不足的情况下，为了博取资本市场的青睐，拼命去做所谓的数据增长，那么最后就只能不断烧钱去实现营销破圈，这样一来，马上会进入高营销、高营收、高亏损的怪圈。而这样的自嗨模式，又怎么可持续发展呢？

现在的新消费"品牌",注意我这里的"品牌"是加引号的,哪怕是爆品,它们当中70%的存活周期,也不到十八个月。

为什么会这样?因为很多人太心急了,太浮躁了,太急功近利了,尤其是我过去的一些投资人同行,把新消费当成TMT互联网项目来投,简直业余得让人心疼啊。互联网的边际成本,和新消费产品的边际成本是一回事吗?不是啊!

那新消费,难道就没有未来了吗?我觉得恰恰相反,现在反而是那些有长期目标的新消费品牌的又一个发展的好时机。

在过去的几年里,大多数的新消费品牌只是在盲目跟风,借着流量和资本的风口捞一笔快钱。真正在做好产品的,创始人又有匠人之心的,同时还有长期的品牌定位的好公司少之又少。

但是,就在过去的一轮资本热潮之后,一个市场洗牌、优胜劣汰的过程已经完成了,这也正是大浪淘沙、正本清源的好机会。

所以,2022年对于大部分新消费品牌而言是生死之年。失去了资本和冷启动流量的助力之后,很多新消费公司,需要更加依靠自身的造血能力运转,而这一切都会让这些公司回归做一个消费公司的本质上来。

当然，这里还要特别提醒的是，投新消费的公司千万不要进入误区，以为我们投的是轻资产模式，只要投的新消费公司懂营销就行了，这是一个误解。

在一级市场做风险投资，和到二级市场投相对成熟的公司，是不一样的。投早期，我只要投最长的一个长板就行了，因为早期公司几乎全是短板，核心是看长板。新消费的最大特点是营销，那么必须投营销最牛的，但是到了中后期就不一样了，投二级市场的公司，就要看整体优势、系统性优势了！

最后，我再给投新消费的投资人和创业者，提一下我个人对新消费投资的两点核心建议，不一定对，供大家参考。

（1）随着我们国家经济水平的发展，以后做新消费品牌，后发者的机会，我觉得可能需要更多地面向中高收入人群，而不是面向低收入人群。尤其是公共基础设施型的生意，面向普罗大众的低收入人群生意，到最后一定会遇到价格管制的天花板，也就是说这类生意，越到后面越会失去成长性。一句话，低收入人群的生意会越来越难做。

（2）中国的很多消费类行业，是跟我们国家的城镇化发展息息相关的。但是，城镇化率很明显早就不是我们的核心指标了，可以看看这几年的农村经济、县域经济大战略。所以，接下来这句话就很重要了：凡是跟我们国家城镇化相关的消费赛道，凡是跟我们国家人口结构相关的消费赛道,未来一定要重新评估它们的成长性价值!

虽然我说过,消费一直是能够穿越历史周期的行业之一,但你必须得明白,不是所有消费的细分赛道都能穿越,也不是所有细分赛道都会有成长空间,这是两个概念!

N 视频播放平台的想象空间

2021 年全球最热的电视剧之一《鱿鱼游戏》火得一塌糊涂,火到什么程度了呢?全世界 94 个国家和地区,它的收视率都是第一,创造了 N 视频播放平台有史以来最高的收视纪录。

关键在投入产出比,N 公司在这部剧上一共才投了 2000 多万美元,但《鱿鱼游戏》带给 N 公司的综合回报起码破了 9 亿美元,靠着一部剧,N 公司赚了 40 多倍!

其间,N 公司的市值一度突破 2800 亿美元,几乎相当于当时的 36 个爱奇艺。

我觉得 N 公司的想象空间可能还会更大,未来几年,10 个好莱坞加起来可能都抵不上它的能量。

为什么我有这样的判断呢?第一,N 公司是高频打低频,它掌握的是渠道分发。大家要知道，电影影响力虽然很大，但从市场容量上说，其实是个小众市场，电视剧才是大众市场。电影我们偶尔会去看，一个人也不大会去看，电视剧普通人每天都要看，市场份额就能说明一切。2019年，全球电影票房约425亿美元，而且已经到天花板了，有线电视市场规模达到约1160亿美元，差不多是电影市场的3倍。

那么，现在比电视更猛的是什么呢？短视频！它更高频、更碎片化、更让人上瘾。现在很多人连电视剧都懒得看了，直接看解说电视剧的短视频了。所以，相比于好莱坞的电影梦工厂，大片不可能每周都上新吧，电视剧就可以。不要说每周，每天都行，还能保证跟电影一样的品质，你服不服？

第二，N公司是家技术公司，不光是渠道分发公司。2000年它就推出了电影匹配（Cinematch）算法，可以挖掘用户观看和互动行为的数据，预测观众关心什么题材，喜欢哪个演员，甚至是偏爱哪一个镜头。

这跟打游戏开外挂一样，使得他们可以站在另一视角去生产内容，大大提高内容爆款的概率。当年N公司的《纸牌屋》，就是靠大数据预测拍出来的。

第三，N公司贯穿了整条文化产业链，而且整合得越来越好。全世界的影视公司，包括导演、演员、编剧，都是它的生产工人，他们都在慢慢沦落为 N 公司的代工厂。N 公司就像苹果公司一样，自己有渠道、有技术，又有资本，它前端有渠道，后端有工厂，中端又相当于投资人，以资本打通了两边。

苹果的最大代工厂是富士康，N 公司的最大代工厂是好莱坞。不光是好莱坞，它在韩国、日本、印度、欧洲、南美洲也都有自己的加工厂，它的内容工厂遍布世界。N 公司的视野一上来就是全球格局，全世界的内容工厂生产，全世界的观众一起看，但是，"可口可乐的配方"在它手里，"苹果的 App Store"在它手里。

坦白说，看着 N 公司一飞冲天，我是很忌妒的。因为我一直认为，我们国家也应该要有这样的公司。为什么？经济要崛起，文化就一定要崛起，文化崛起了，科技崛起就很自然。因为科技的背后是思想，这是一个闭环。

而文化真正崛起的其中一个核心指标，就是我们的文化能出海、能出圈，我们的文化产业不能只是朝内，还要敢于朝外。很多国人不知道的是，截至 2021 年，在美国的 GDP 里，文化产业的比重约 20%，而我们的却不到 5%。

随着一个国家的经济崛起，文化产业的比重一定会上升，因为经济基础决定上层建筑，人吃饱了饭，身体舒坦了，还得追求精神食粮。从需求逻辑上看，关于我们的文化产业，14 多亿人的内需其实是非常汹涌的。

但很遗憾，从结果上看，我们的文化产业相对来说比较低迷，市场氛围也越来越保守。但不管怎么样，还是那句话，文化产业很重要，如果我们希望它能真正崛起，可能还是要更开放、更富有国际化视野。

M 科技公司专题（上）：手机高端化，为什么走得那么难

今天，我们要好好地聊一聊 M 科技公司，而且我准备分成上下两篇，做一个专题研究。

讲它，是在揭我的伤疤啊，我要全面深度地复盘一次，才能对得起自己的亏损。坦白说，我也一直在复盘，为什么我在 M 公司身上栽了跟头。

我是 2021 年二三月开始建仓 M 公司，到了 2021 年年底，最终在股价 19 块钱左右时清仓止损的，持有一年都不到，是我持有过 15% 以上仓位的股票里最短的一只个股。当然，结局也是最差的，最终以实际亏损约 30% 忍痛离场。

很多朋友都知道，雷军是我个人比较崇敬的一名企业家，有两个最重要的点：

第一，雷军不光是企业家，还是一名杰出的投资人。他不仅自己创办了一家千亿美元级的公司，而且以个人名义，投资过一家百亿美元级的公司。能同时做到这两点的人，国内几乎找不到第二个，非常了不起。

可以说，雷军对投资的理解，对资本的杠杆效率的理解，已经成了他个人能力的一个重要标签，他既做过天使投资，又做过机构投资，而且现在还把产业投资的能力注入到了他整个公司的产业链体系，开创了一种用资本探路，再与母体公司协同作战的生态链打法，这种打法已经成了其公司一个很重要的基因。那么，关于这个基因的好处和坏处，我们到后面再讲。

第二，雷军个人的职业精神、创业精神，绝对算得上国内这么多企业家里的一个典范。在互联网圈里，雷军是出了名的劳模，非常敬业和拼命。作为中国互联网领域的前辈级企业家，不夸张地说，他影响了好几代互联网创业者。王兴的总结最有代表性，他说雷军是创业者里的战神。创业几十年，雷军几乎每周都保持 7×16 小时的高强度工作，创办 M 公司之后，他一天平均开 11 个会，最多一天开了 23 个会，非常夸张！

我们知道，雷军的主要身家来自三家公司，然后，他竟然在很长的一段时间之内，同时担任了这三家大型企业的董事长。在 2022 年以前，他还同时担任了 139 家 M 公司关联公司以及生态链公司的法人、股东和高管，也是非常夸张。

坦白说，这么多有钱人里，我最佩服的是雷军，但一点都不羡慕雷军。因为如果我们跟他交换一下人生，不超过三个月，可能人都没了！所以，雷军的确是国内企业家里的拼命三郎。

还有一点，这几年，可能出于某些原因，很多前辈级的企业家都隐退了。到了今天，还冲杀在一线，还在自己拍抖音发微博，亲自在搞创始人IP搞营销流量的还有谁？好像也就剩下雷军，还有他的好友——格力的董明珠。可是，也正因为雷军的能力过于全面，凡事亲力亲为，到处充当救火队长的角色，所以，也可能会带来一些意想不到的影响。这一点我们也放到后面来说。

喜欢归喜欢，我们做投资，哪怕是块心头肉，也一定要清楚：一家企业的创始人特质，只是我们众多投资维度当中的一个。做投资是件必须理性对待、必须求真务实的事情，所以，哪怕你有再多主观上的喜爱，依然得老老实实分析公司的基本面，老老实实去判断这家公司未来的成长空间在哪里，这就是一个成熟的价值投资者必须具备的操守！

那么当下的 M 公司，它的基本面，究竟是什么情况呢？

我的判断是，它正处于核心业务市场见顶阶段，且第二增长曲线处在长期酝酿的潜伏阶段。所以一方面，是基本盘市场认为它不稳固，另一方面，市场认为就第二增长曲线而言，M 公司面对的是更多的惊涛骇浪，充满了各种不确定性。

再加上这几年整个港股市场的变化，我们的金融环境又不好预测，市场情绪一直比较低迷，所以从2021年年初开始，M公司的股价从站上高位开始，一路下跌，到现在已经快跌了七成了。如果我在2021年年底不止损的话，现在的浮亏应该超过了50%。

我们先来看看M公司2022年发布的一季报。一季度，M公司实现营收733.52亿，同比下滑4.6%，期内亏损5.31亿，经调整后净利润28.59亿，同比下滑52.9%。数据很不好看，主要是因为M公司的核心业务智能手机拖了后腿。一季度M公司旗下的智能手机出货量同比下滑了22%，收入同比减少了57亿。

M公司的总裁，在财报的电话会上做了解释，主要说了三点。一是全球整个智能手机的大盘在不断下滑；二是全球缺芯，对M公司来说主要是4G芯片供不上来了，直接影响到了M公司在海外的第一大重镇——印度市场的手机出货量；三是因为上海疫情，不少线下店和工厂不得不关门停业了，扩店的速度也慢了下来，手机零部件的供应，自然也会受影响。

这三点原因当中，我认为供应链的压力和疫情的冲击，还会产生影响，但长期看终归是一时的，而且可以通过有效管理来缓解。但是M公司的基本盘——智能手机业务的市场见顶，却是个致命的问题！

智能手机业务的市场见顶，这个问题到底有多严峻呢？

看数据，2022年一季度，全球智能手机出货量为3.1亿台，同比下滑了11%，中国大陆市场的表现也一样，一季度智能手机出货量为7560万台，同比下滑的幅度竟然达到了18%。出货量下滑是偶发因素导致的吗？不是！2017年，中国和全球智能手机市场就已经出现了下滑。

这都过去好几年了，我就问大家一个问题：就现在的手机来讲，你还像以前那样，那么愿意更换手机吗？哪怕是苹果手机。这几年，手机有什么像样的技术更新、功能更新吗？你看看各家手机厂商轮番发布的新机，表面上很热闹，其实只不过是在玩营销概念，比拼一点所谓的性能数据。这个市场竞争太激烈了，所以对不起，对于绝大多数普通人来说，除非是手机性能影响到他的工作和社交了，否则大家已经找不到理由频繁更换手机了。

再加上人们对手机的消费跟经济大环境也有很大关系，现在的手机已经是改善型需求了，如果中下层的收入水平在大幅下滑，那么对于M公司这样主打性价比的品牌，就会是巨大的双重打击！

所以当下的手机市场是什么情况呢？手机品牌除了朝高端化发展，做出真正具有技术创新的手机，然后在用户心智上卡位之外，好像还真没别的办法突围了。于是，高端手机市场就成了各个手机品牌的兵家必争之地，而且很直接地说，富人哪怕在经济下行的时候，他们的收入变化也是最小的。

不过，我们知道 M 公司的手机过去的品牌心智，就是性价比！早些年 M 公司还给自己定了个规矩：硬件业务的综合净利率不超过 5%。到了 2017 年，M 公司都成立八年了，雷军还说：最孤独的感觉，就是几乎所有的人，都劝我把 M 公司的产品卖贵一点，大家不了解我的想法和追求啊！

但是到了 2019 年，雷军也开始主动求变了，开始主攻中低端电商市场，M 公司肩负的任务，就是爬高。到了 2022 年后，M 公司内部还开了场高端化的战略研讨会，会上明确表示要冲击高端市场。这对 M 公司来说意味着什么呢？四个字：生死之战！所以你会发现，这几年已经很少听到雷军在公开场合说性价比了，但是，"高端"这个词倒是经常说。而且为了爬高，M 公司的动作不少，比如 2021 年花了 200 万换 logo，频频发布高端智能手机，以及开线下店。

那么最关键的问题来了，已经向高端市场发力了几年的 M 公司，很遗憾，成绩不理想。M 公司为了朝高端化发展，这几年从外面挖了不少人，2021 年一年，居然进行了 35 次人事和组织架构调整。但是结果呢，高端手机没啥拿得出手的，质量问题倒是被消费者接连吐槽，人事震荡还一个接着一个，好几位空降的高管待的时间都不长。

华为被美国打压的时候，业内曾看好 M 公司会扛起国产手机的大旗，拿下华为空出来的市场份额。2021 年 M 公司一度表现得不错，2021 年二季度，在全球智能手机的市场份额还短暂超过了苹果,拿下了全球第二的成绩,在国内市场的份额也碾压苹果。

但是到了2021年的四季度,很快,苹果在国内市场反客为主了,拿下了第一,从华为分离出来的荣耀逆袭成了第二,M公司呢,竟然跌到了第五位。看来,华为跌倒,真正吃饱的不是M公司,而是苹果!

2022年一季报的数字或许更能说明问题。一季度,3000块钱以上的M公司高端手机出货量占到全部M公司手机出货量的10%,2021年全年,这个数字是13%。说明了什么?是不是说明M公司的高端化发展遇到了瓶颈呢?

M公司生于性价比,成于性价比,但是在高端化的发展道路上,性价比恰恰是原罪啊!M公司想要摆脱自己最原始的基因涅槃重生,太难了!

为什么M公司很难突破自己的原始基因呢?有几个原因:

第一,我在前面说了,雷军对M公司的硬件净利率追求,他要对标Costco这种日常消费品的超市模式,认为电子消费品也可以做成Costco这种模式,所以雷军认为M公司旗下的M新生活品牌电商就是线上的电子消费品Costco。

科技产品是需要巨大的研发投入的,如果M公司一直做性价比之王还好，但是性价比之王在科技消费品领域不可持续。那么，如果要走向高端，悖论就出来了，M公司多年来的低毛利，就很难一直维持重度研发投入。实事求是地讲，M公司的手机在手机领域里，有做出过什么特别有含金量的技术创新吗？好像没有啊！所以M公司的手机要想在高端市场上卡位，光用M公司擅长的营销套路是变不出戏法的。

比如，三星有SoC芯片和曲面屏技术，凭这两点占领了高端市场，华为曾自研出麒麟芯片。M公司呢，它的专利，大多数是从外面买来的，还是以外观设计专利为主。它的中高端旗舰机用的是高通的系列芯片，卖得越多，交给高通的专利授权费用就越多，如此受制于人，还不得不把高通首发作为噱头，拿出来大肆宣传，这说明什么呢？说明M公司自研的技术创新，确实需要努力。

所以，我们到这里就明白了，为什么华为的产品从来不在产品价格上做文章，为什么明明在营销上，华为默认了民族情感的作用，但是偏偏对爱国热情高涨的用户，从来不用低价取胜呢？因为华为每年投在研发上的费用，不管是基础科学，还是应用技术，都几乎是国内所有企业里最下血本的，这些都是巨大的消耗。如果它也用低毛利来竞争，那么它肯定是没办法实现正向闭环的。

第二，M公司的性价比，影响了它在线下的布局。早些年，M公司主打互联网手机，是没有线下店的，为的就是省下线下成本，把性价比做到极致。但是高端市场却需要通过线下渠道来发力，你想，买个好几千甚至上万的手机，线下体验才能显示出价值感吧，而且你也能买得放心一些吧？

有人可能要问了：不就是开店吗？又不是多难的事。但问题是，M 公司手机的利润这么低，线下的成本和销售费用从哪里来啊？2016 年，M 公司的线下店才姗姗来迟，相比其他手机品牌已经慢了好几拍。

那为什么不找加盟商、经销商助力呢？核心问题还是经济利益。比如在一个手机店里，华为、OPPO、VIVO 和 M 公司手机同时在卖，M 公司的手机从价格上讲是好卖，但是不一定赚得更多，原因是什么？很简单，想要让人帮忙卖货就要让人赚到钱，卖 M 公司的手机如果赚得少，那长期来看，经销商还是会有想法的。

前段时间我去商场逛了几次，有一个感受，就是我发现大疆的店到处开出来了，一看价格，都不便宜。所以在线下，流量成本在某种意义上讲其实也不便宜，叠加房租、人工成本，那么，又回到了那个问题：没有高毛利，怎么让经销商赚到钱？

2020 年，国内手机市场的线下销量额占到 70% 以上，而 M 公司手机的线下销量额只占到 7%。所以，如果 M 公司要从线下渠道突破，来打开存量市场的天花板，只能通过线下去抢夺对手碗里的肉了。

第三，M手机的性价比，对M公司另外两块业务的收入，IoT与生活消费品，还有互联网服务，也会造成很多不利影响。

M公司的IoT和生活消费品包括电视、手环等等，互联网服务包括M公司各个平台上的广告收入、游戏收入。2022年一季度，IoT与生活消费品业务营收194.77亿元，同比增长6.8%。互联网服务业务收入达到了71.13亿元，同比增长了8.2%。这两块业务收入都在增长，非常好，一定程度上也抵消了手机业务下滑对整体营收的一部分影响。但是，这两块业务的盘子加起来，在总营收当中还不到四成啊！

更要警惕的是，如果手机业务销量上不去，高端化做不好，线下开店的速度跟不上，那么IoT与生活消费品、互联网服务收入的可持续增长，恐怕也存在隐患。

这又是为什么呢？因为M公司的手机业务基本不赚钱，更像是个流量入口。获客，再吸引用户去购买它的周边产品，使用它的互联网服务。好，那么请问，它的手机销量下来了，又怎么去链接更多的用户呢？它的手机的高端化如果做不好，又怎么吸引到高购买力的用户，然后去购买它生态链中的其他产品呢？

因为性价比这个撕不掉的标签，IoT与生活消费品业务中的不少供应链企业，在依托 M 公司站稳脚跟后，就开始琢磨着逃离它的生态链了。说来说去，还是那个症结：因为 M 公司给不到供应商利润空间。

比如 M 公司的某个生态链企业生产的智能扫地机器人，毛利率达到了 48%，明显要高于它的生态链的其他产品。

好，到这里，我们先简单总结一下：M 公司的核心业务智能手机，市场见顶，红利消失，想要在存量市场争夺用户，只有高端化这条路可以走。但是呢，因为性价比的原始基因束缚，多年来在研发上投入不足，没有引领性的技术创新。除此之外，线下布局因为疫情和经销商的利益空间等因素，进展也比较缓慢，所以，也难以在高端市场占领用户的品牌心智。

那么，很自然地就过渡到了第二个问题：既然全球智能手机行业已经处在了一个衰退期，那么，M 公司的造车业务会成为公司的第二增长曲线，实现公司的巨大跨越吗？

关于 M 公司的造车业务，以及其他分析，我们到下一篇再详细展开。

M 科技公司专题（下）：雷军，能否突破第二增长曲线

我们在上一篇文章中讲到，既然全球智能手机行业已经处在了一个衰退期，那么，M 公司的造车业务会不会成为公司的第二增长曲线，从而实现公司的巨大跨越呢？

首先，不管市场上的其他投资人怎么看，我认为雷军押注造车，本身没什么问题。这个战略，我到现在都认为是对的。我 2021 年买入 M 公司股票的根本理由，就是它造车，因为我对它的手机业务、IoT 业务，对标 Costco 模式，从来就不看好。为什么它必须得造车？因为它如果要成为一家万亿美元的企业，最后的机会只能在 AIoT 里，也就是 AI 与物联网的结合领域。万物皆互联，但是该连接的地方都已经连接了，人与人，人与信息，人与商品，都连接了，现在只差人与物。

人与物的连接，除了人与手机，最大的应用场景就是人与汽

车。而传统汽车的改造，从燃油车到电车，再到智能汽车，这个跃迁之路，是必须经历的。汽车就是物联网里的杀手级应用，如果想做一家物联网领域的超级巨头，就应该从造车入手。

所以，我当时还专门发了一条短视频，我当时判断，M公司一定会造车，因为不造车，它就错过了未来几十年最大的风口，也是最大的一个新流量入口。

没过多久，M公司真的公开宣布造车了。当时在发布会上，雷军说：我愿意押上人生所有积累的战绩和声誉，为M公司汽车而战！那天晚上的发布会我全程看了，正是因为这个发布会，我开始头脑发热，后来陆续买入它的股票！

但是，没过多久，我就发现不对劲了！我的新问题出来了：M公司在这个时间点开始造车，还来不来得及？现在这个时间点造车，有什么优势？

其实雷军个人是个车迷，他是国内最早的一批特斯拉车主，还曾跑去美国拜访马斯克，切磋关于新能源汽车的看法。雷军个人、M公司，还有雷军旗下的投资公司，布局的整车厂、汽车后市场、出行企业，加起来差不多有40家。

那么，为什么雷军自己迟迟没有开始造车呢？一个主要原因是，雷军知道造车很烧钱，公司又没有造车的基因，主业又不是特别能赚钱，团队内部和投资人股东代表可能都有很大的阻力，所以只好以投资的方式先开始布局，看看再说。

但就是因为这种观望、迟疑的态度，雷军很快就错过了造车的最佳红利期，造车的核心人才团队已经被对手抢得差不多了，更可怕的是，中国能造车的团队并不多，现在，到哪里去挖人呢？

另外，按照计划，2024年M公司汽车量产，但是到时候，蔚来、小鹏、理想的交付量只怕已经是十万级别的，特斯拉、比亚迪恐怕已经是百万级别的，它跟友商根本就不是同一水平上的对手了。除此之外，未来的新能源车一定会连接上很多IoT设备，谁抢先建立了生态，后来者想要颠覆，只会难上加难。造车还停留在概念上的M公司，究竟有多少胜算呢？

所以，有时候我总会感慨，做生意和开创一番大事业，对能力需求的差别其实是凡人和仙班的区别。做点小生意，坦白说，你是高中生又怎么样，你没上过大学又怎么样，有时候真的只需要有勇气、有魄力，敢赌敢拼，有人带你一下，足够坚定，三年不行五年，五年不行十年，你迟早能翻身，迟早能赚到钱。

但是你要做一家千亿美元、万亿美元的巨头企业，开创一番前无古人的事业，乃至开创一个新的时代，或者引领一个时代，哪有那么容易啊！"时来天地皆同力，运去英雄不自由"，哪怕你是顶天立地、力拔山兮气盖世的超级英雄，哪怕你已经是最能感受这个世界脉搏的人了，但是你能抓住每一次稍纵即逝的机会吗？

到这里，我们可以简单总结下 M 公司的业务基本面了。一个是它的主营业务的基本盘不稳，这么多年，性价比是它异军突起的旗帜，但是，现在反噬它的也是性价比！除了性价比之外，全球手机业务本身的成长空间已经几乎没有了，存量市场强敌如云。华为剥离荣耀，本来给了它一次很好的弯道超车机会，但是呢，它并没有摆脱性价比的局限性，从而证明它在高端手机市场中竞争力不足。另一个，第二增长曲线充满高度的不确定性，如果因为 M 公司造车而买入它的股票，这几乎等同于一级市场的风险投资，前途难料。

分析完基本面，我还想补充讲一下我在上一篇中留的两个问题。

第一个，雷军的投资基因对 M 公司的利和弊。根据相关数据，截至 2021 年，M 公司对外投资了 390 多家公司，雷军控制的投资公司投资了 500 多家公司，还有 C 投资公司投资了超过 79 家公司，加起来的话，跟雷军关联的总投资数量已经超过了 900 家企业。

雷军的投资基因对 M 公司的最大好处是什么？是快速把 M

新生活品牌的电商优势给最大化发挥出来了。雷军从创业第一天开始，就希望只把手机当作一个商店。人家乔布斯是自己开发了硬件和软件，所以当把 App Store 结合在自己创造的手机里，就能让全世界的程序员、全世界的公司为其打工，然后自己向大家抽苹果税，这样一个自洽的商业闭环系统，太完美了。因为雷军用的是 Android 系统，所以他的破局点只能是 MIUI，从手机系统，再到做手机，再到通过投资做生态供应链。其实，雷军的骨子里，是把手机当成流量渠道的，所以，他的战略从一开始，就是流量思维，不是产品思维！

既然是流量思维，就要快速把流量变现，那么通过投资把生态链产品做起来就是个优先级非常高的战略，这也就解释了为什么雷军在成立 M 公司之后，几乎很快就成立了自己的投资公司。

这种资本化思维，加上雷军在互联网圈巨大的影响力，在互联网资本泡沫比较大的那几年，可以说是所向披靡，这也是 M 公司能够快速起势的原因。用一句话总结就是，在早期，不管是手机系统，还是手机，还是生态链公司，还是一切其他业务，通通是流量思维的产物，全是流量运营的战略。

这是资本杠杆对雷军、对 M 公司的最大好处。但是坏处是什么？我们可以来算算账，M 公司 2021 年的财报显示，对外投资的总账面价值高达 603 亿元，同比增长 25.7%。同时，投资税后净收益也就 33 亿元。我想表达什么呢？ M 公司这么多年花了那么多的时间打造的生态链，如果不去投它们，孵化它们，直接像现在的网上购物商场一样去邀请品牌商家入驻，请问，哪种收益更大？哪种时间花费成本更小呢？

雷军一次次地错过造车的最佳时机，不就是因为我们是他们的股东，我们在早期就投了他们，我们对他们其实了如指掌，我们哪天真的要跟进可以非常快。但问题是，真正在一线的感知，跟投资的感知，你能确信两者是完全一样的吗？

我究竟想说什么呢？雷军的资本基因、投资基因，光就我们这些投资者来说，我的评价是，其实可能是弊大于利的，或者起码是不加分的。当然这是我的一家之言，对错仅供大家参考。

第二个，我要说的是雷军是"战神"这件事。M 公司在发展历史中，雷军有好几次充当了救火队长的角色，只要哪里出了大问题，雷军必须亲自上阵亲自抓才行，抓了之后情况就好了不少，太依赖创始人，对企业来说，未必是一件好事。M 公司的创始团队、核心管理层的变动，是大企业里比较频繁的，有几位减持自家的股票也从不手软。这个团队的文化根基，总有一种是为了股权激励、为了达成阶段性任务的东西在里面，雷军满腔热心、心怀使命，但是这种精神还没有渗透到 M 公司内部。

雷军虽然还是当打之年，但是接下来造车可是一条比当年造手机更加艰辛的赛道啊，无论是精力要求还是能力要求，都要上升到一个新的高度。这对雷军本人而言,真的又是一个全新的挑战。

可是,M公司的投资人,哪怕再看好雷军造车,还会孤注一掷地把宝押在雷军一个人身上吗?这种不确定性风险会有多大,我们必须得全面评估。

我在2021年下半年做了不少调研才发现,造车的核心团队在全世界可能都屈指可数,就那么几个好的团队,也就那么几个可以挖的公司,而且几乎全在传统汽车大厂那里,或者就是在已经挖过一遍人才的比亚迪、蔚来、小鹏、理想那里了。造车领域的人才瓶颈跟当年造手机的人才瓶颈,难度系数根本不在一个层级上。

我在自己的价值投资体系里,有两条止损或不止损的原则:(1)价值基本面有没有发生根本性变化;(2)长期确定性是否已经丧失或无法判断。

M公司的价值基本面我认为没有发生根本性的变化,只是成长空间没有了,没有什么护城河,股价可能会有一些均值回归的趋势。但是,因为造车的出现,导致M公司的长期确定性在2024年汽车量产以前,会有极大的变数。

所以哪怕我再心有不甘,在犹豫了一段时间后,按照自己的投资纪律，还是在 2021 年年底清仓了。当然，我会依然长期关注雷军，M 公司也依然会是我长期跟踪的一家公司，因为它在我心目中还是有机会成为一家卓越的世界级科技公司的，前提是能彻底沉下心来，从流量思维沉淀到技术思维、产品思维，敢于进行技术创新，敢于投入重金打造一个有全球视野的科技团队，那么未来几年，M 公司就有机会实现第二增长曲线的突破。

健康体检，是条好赛道吗

体检是不是个好生意？未来的想象空间真的很大吗？这是我思考的两个问题。

当我把某一家做健康体检的公司放入观察池观察两个多月以后，我的答案是偏负面的。为什么？接下来，我想从正反两个视角，谈谈我对体检这个赛道的看法。

关注这家公司的起因，坦白说是因为二级市场的一些 Top 级基金经理。自从我用一级市场的投资逻辑看二级市场，发现最好的方式是在全中国 Top 级基金经理已经重仓的公司里，挑一些自己最能看懂的进行研究。消费级领域的项目是我最擅长的，所以当两位投资大佬都把仓位拉满押了这家公司的时候，我的兴趣就来了，为什么这两个哥们这么看好它？

站在多方的角度，我提炼了几个核心逻辑。第一，体检是消费者健康意识提升之后的消费升级。人没吃饱饭之前，健康不是刚需，生存才是，生存问题解决了，经济水平上来了，有点钱了，才会想着怎么活得久一点。所以我认为，健康体检其实是改善型需求。经济越发达，关于这种需求的意识才会越强烈。

第二，是老龄化的成长性预期。这点很确定，没什么好讲的。

第三，是民营体检网络的供给侧逻辑。这一点我估计是两位投资大佬里擅长用供给侧逻辑做投资的那位最看重的点。如果公立医院，尤其是一二线城市的三甲医院，能够满足日益增长的体检市场，那么根本就没有民营体检的任何事情，因为医疗的专业性对消费者来说是更重要的，品牌公信力也完全不一样。但是中国市场太大了，公立医院过于饱和，市场的确需要民营体检机构来补充。

所以，从基础设施的角度来看，体检网络要布局到全国，特别在四五线城市，专业的体检机构竞争优势是巨大的。这家体检公司通过资本并购的方式，一路买买买，撑起了一个全国最大的民营体检中心，数百家线下店覆盖了几十个省市数百个城市，这个基本盘不管怎么样都是有价值的。

我观察的这家公司，花了整整九年的时间，至少花了上百个亿才构筑起基础设施，如果它的对手从2022年重新建立这个网络，那么要花多少代价？既然民营体检网络中必然会有一家巨头来补充公立医院，而这家公司现在已经是当之无愧的龙头，那么守着它慢慢崛起就行了。

第四，是万亿检后市场的想象空间。这家公司的董事长曾说，健康体检的市场容量已有两三千亿。但是很多人真正看好的是这家公司的体检网络的入口效应，以及体检产生的健康大数据可以很平滑地延伸到健康管理、医疗服务、保险业务，一旦引爆任何一个，都将具备极大的成长性。那么这个逻辑真的成立吗？

讲完健康体检这个生意的多方逻辑——好的一面，接下来我想讲讲它的空方逻辑——坏的一面。一个投资人最重要的工作之一，就是必须做左右手互搏的独立思辨，这种正反思辨是我们做投资研究的关键。

关于健康体检的消费升级逻辑和老龄化的成长性预期，这两点没什么好辩驳的，是事实，也是体检生意被当前很多人看好的两个主逻辑。关键是第三点跟第四点，一个是民营体检网络的供给侧逻辑，一个是万亿检后市场的想象空间。

从我观察研究的结果来看，体检中心其实是一个资产收益率很低的生意，属于典型的巴菲特最痛恨的限制性盈余生意。也就是说要维持一个高水平的体检中心，它的设备成本、人员运营成本和管理成本都是很高的，一旦运行，就要长期维护，凡是这种边际成本极高的生意，都特别依赖用户的复购性、消费频次和高客单价。

但是很遗憾，我看了它的年报，它很大一部分市场都是企业团单带来的，它对企业用户的话语权并不高，几乎没有什么提价权。C端用户（个人用户）对它的复购性也一般，在品牌心智上做不到非它不去的程度。而客单价这块，虽然有中高端品牌的矩阵，但是整体走的是性价比路线，客单价好不容易提到了500元左右，再往上就开始有压力了。

一句话，光做体检生意是赚不了什么钱的，能不赔钱就不错了，至少短期之内不会有什么大的改变，这就是我的结论！

于是所有的押宝就必须押在第四点上——检后市场。我认为有难度，为什么？这要从这家公司的基因说起，这家公司的老大是投资人出身，他这家公司跟当年的携程很像，基本是靠并购做起来的。用资本思维做企业，可以快速起量、快速长大，但是一旦到了精细化运营阶段，需要对产品进行精耕细作，就会遇到很大的挑战。至少从目前来看，我认为他是不擅长的。而检后市场，除了保险业务相对容易点，健康管理和医疗服务对专业性和精细化的能力要求都很高，没点匠人之心的话是相当难做的。

最后还有两个点，是我个人没想明白的。过去投资互联网的经验告诉我，要做平台型入口，高频是一个非常重要的关键点，体检一般也就一年一次，频次非常低，怎么变成入口？同时，从基础设施来看，对于风险资本来说，上百亿的规模压根不是个事，如果这个市场真的有无尽的想象力，不要说上百亿人民币，很多美元基金，直接砸上百亿美元竞争，以现在的竞争格局是可以玩一玩的。

正因此，坦白说，对于体检这个入口效应的重要性，我是有疑虑的。

总结一下，健康体检是不是条好赛道，我不确定，但我知道如果光是体检，绝对不是一个好生意。所以，从投资的角度看，我认为还得继续观察，因个人能力有限，我到现在还没明白二级市场大佬们重仓的逻辑在哪里。

路遥知马力

T营养保健品公司，是我持仓过的一家公司。那么，我坚持看好它的长期逻辑有哪些呢？

首先，T公司的定位是VDS，不是一般意义上的保健品。什么是VDS？膳食补充剂。T公司的创始人解释得很清楚，它就是一种饮食之外的营养补充剂，能平衡和调节人体的机能。绝大多数投资者提起保健品就说，哦，收割智商税的！这样的朋友还停留在几十年前流行脑白金、三株口服液、红太阳的时代。

简单问一句，自己的媳妇怀孕了，吃不吃叶酸？你平常加班熬夜，营养不良，肠胃也不好，会不会吃点维生素，喝点益生菌？去健身房增肌，要不要吃点蛋白粉？天天跑步很容易伤关节，好，来不来点氨糖软骨素？

发现了吗？人就是一台精密的生物机器，我们的身体已经进入科学养生阶段了。一提保健品，很多人还停留在保温杯里泡枸杞、肾虚来点地黄丸的时代，完了，那这些人肯定看不懂这个赛道。如果一个人连 C 端需求逻辑都没搞明白，那么我认为他不太会关注 T 公司这样的公司。

我从四五年前，就非常看好科学营养这个赛道，特别是功能性营养保健品的赛道。因为我的肠胃不好，研究过很长时间与益生菌相关的前沿文献，知道这些东西的价值。现代人的工作节奏那么快，光对于一个益生菌单品来说，长期来看，这里面的价值都很大！

有很长一段时间，我在一级市场苦苦寻找有没有好的益生菌标的，很遗憾，谈了好几家，都达不到我的标准。于是被迫关注 T 公司，发现它那时刚好因为高价收购了一家益生菌品牌公司，导致商誉减值进入低谷，董事长被怀疑有利益输送。但是，在一个做过十来年一级市场的投资人看来，这就不算个事，恰恰相反，这是个天大的利好。

这不正说明创始团队依然还有进取心，还有产品敏锐度吗？并购价格高了点不要紧，作为企业家，最核心的就是要在最重要的价值点上全力以赴、积极卡位，保持公司的产品竞争力，这才是第一性。如果这么好的单品赛道被对手吃下，公司的未来会有什么样的后果？这就是典型的没做过企业的人理解不了企业家在想什么的信息差呀。所以，从那时候开始，我就盯上了这家公司。

其次，从需求侧的逻辑看，我认为这家公司是没问题的。而且它还赶上了两个绝佳时机点，一个是人口老龄化趋势，一个是2020年疫情拐点。想想80后、90后这帮人慢慢老了之后，他们还会相信枸杞、地黄丸吗？所有人都会去运动健身吗？注重科学营养的时代，他们会选择哪种方式？

直销保健品的时代已经过去了，目前中国非直销最大的营养保健品品牌就是 T 公司，市占率几乎是第二名的 2 倍。另外，2020 年，VDS 在线上的渠道销售占比约 44%，线下的渠道主要就是药店，占比约 18%。这么一看，T 公司在线上和线下两个渠道，都是妥妥的第一。渠道能力也没问题，至少它跟上了时代。

需求侧没问题，渠道上没问题，接下来就看品牌力和供给侧。过去十几年，全国范围内，我目前还没看到在 VDS 这个领域有品牌力超过这家公司的，所以至少目前也还不是问题。现在只剩供给侧问题了。

谈到供给侧，必须讲讲 T 公司和美国曾经的营养保健品龙头 GNC。很多投资人不认为 T 公司能成为多大的巨头公司，核心逻辑就一条：你看，GNC 最高市值都没有超过 300 亿人民币，后来还破产了，凭什么中国能出现一家市值过千亿人民币的营养保健品巨头呢？

为什么营养保健品这个赛道在太平洋两岸注定会成为完全不

同的生意？最核心的本质是美国的营养保健品准入门槛是比较低的，采用的是备案制，后发的竞争者如果更懂品牌、更懂营销，很容易把前浪拍死在沙滩上。但是我们国家的保健品市场是注册与备案双轨制，一般审批时间较长，而且所有营养保健品必须有"蓝帽子"才可以销售。很多私域里卖的土制保健品，理论上，一打一个准，后来者再去注册"蓝帽子"，因为门槛是逐年提高的，一不小心几年就过去了。

这是一个典型的先发者有绝对供给侧优势的行业，就凭T公司手上的上百个"蓝帽子"，后发者想一下子干掉老品牌，可能也没那么容易。

所以，在消费品领域，需求侧长期向好，有很好的成长空间，在品牌力和渠道力上坚挺，在供给侧上有门槛，而且在2021年前每年能保持30%以上的增速，隔三年营收能翻番，毛利率、净利率、ROE（净资产收益率）、现金流几乎都挑不出毛病，这样的消费品公司在A股市场，恕我愚钝，我认为能比它优秀的也不算多。

一句话，资本对这家公司过于苛刻了，这是一家市场对其有严重偏见的好公司。注意，投资消费股的一条重要纪律，就是要比拼耐心、比拼长期性！

最后，分享一下我对T公司长期的投资逻辑。第一，我在二级市场的主体投资策略，是寻找三年营收保底翻番的成长型公司，而且质地优良，基本面可靠，商业模式可持续，团队能力过关。我对重要公司的持仓至少不低于三年，如果低于三年就换手，那说明我对这个标的的投资逻辑已经发生了变化。现在的关键问题是，大家对T公司三年营收能否翻番的确定性有多大？

我的判断是确定性很大，这一点一直没变。2017年，T公司的营收为31亿元，利润为7亿多元，三年之后的2020年已经到61亿元，利润已经突破15亿元。VDS这个赛道，按照T公司创始人的说法，人均消费相比日本欧美，至少还有6倍的增长空间，这个主逻辑，目前来看也没变化，而且我判断这个增长空间可能还会扩大，为什么？养生需求的年轻化趋势非常明显。

第二，养生保健不仅是老年人的结构性需求，还是年青一代健康意识大幅提升后的焦虑性需求，它在市场容量上的天花板会被彻底打开，这是我的最大底层逻辑。

那这么好的赛道，会不会是T公司抢到了头筹？我认为这个确定性也不小。品牌优势、渠道优势、供应链优势、原材料优势、团队管理优势，目前跟已有对手比较，T公司还是老大。但最大的风险是不可见的对手，特别是新消费品牌，比如有风险资本支持的新品牌，这个才是冰山下的威胁。

第三，T公司需要有更宏大的愿力，不只是做保健品，不只是做什么VDS，格局可以更大。营养保健品，不是改善型需求，更不是收割智商税，接下来一定会变成刚需。就一个点，汽车需要保养，人需不需要保养？汽车保养是不是刚需？人作为一台高精密的生物机器，保养级别是不是要更宏大、更精细化？

现在市场上哪一家公司做到了人类的全方位保养？T公司除了产品，服务跟上了吗？需求场景下的功能性产品匹配上了吗？光是改善睡眠，就可以出一个10亿元营收的大单品，还有肠胃改善、口服美容、减缓焦虑等各种功能性食品。益生菌这个类目不要说10亿元人民币，这起码是一个10亿美元的大单品。

T公司创始人说，中国的VDS会呈两极发展，一个是重功能的保健食品方向，一个是轻功能的食品化、快消化、高频化方向。但是我要提醒的是，T公司的真正主战场一定还是在重功能的保健食品上，不应该是第二类，第二类没办法靠向我说的人体保养方面，它的本质卖的是新营销、新炒作，这就真的跟智商税没区别了。这种产品是没有长久生命力的，只能成为潮流而不能成为经典。

所以，T公司真正最该花钱的地方除了品牌建设以外，还应该在产品研发上，这块还不够有魄力，还不够大胆！如果这一次费用不是大量投在营销而是投在研发上，我觉得真正的价值投资者反而会更加看好。

一句话，T公司做到1000亿元市值，我认为是大概率事件。

我是在 T 公司 260 多亿元市值的时候买入的，第一个设定的目标就是 1000 亿元，不到 1000 亿元，只要基本面不变化，我不会离场，设定的时间是三年。那么三年之后呢？这就取决于 T 公司团队的格局了！

T 公司现在的团队做到 1000 亿元这个级别，没有任何问题，T 公司真正的局限性是在 1000 亿元以后。T 公司第一创始人的洞察力、使命感绝对没问题，风险可能出在他下面管理层的饥渴感上。从过去的观察看，T 公司的管理层有点小富即安的感觉，还不够有野心！说到底，还是因为创始人，他在管理上比较佛系，他的团队专业能力足够，但是在饥渴感、愿力上，就差那么一点，而差的这层纸就是 T 公司从优秀到卓越的距离，也是它走向伟大的距离。

大家要知道，对一个价值投资者来说，投资一个好公司，最希望的是它能从优秀走向卓越，最终走向伟大，也不希望只持有三年，而是希望做到永不退出。

最后强调一句，投资有风险，本篇绝不构成任何投资建议。

什么是顶层思维

有两家公司,一家公司在 2020 年赚了 1431 亿元,一家公司在 2020 年赚了 56 亿元,结果,前面这家公司市值 1.1 万亿元,后面这家市值 1.3 万亿元。一个净利润是对方 25.6 倍的企业,它的市值却比对方还少了 2000 亿元,如果你是这家企业的投资人,能不能忍?

这两家企业是谁呢?前面这家是 P 保险公司,后面这家是 N 新能源公司。难怪有老股民会说,P 公司在 2021 年以来的大跌,是对"价值投资"这四个字最大的伤害,甚至有人哀叹,我们的资本市场还有价值投资吗?

我过去是持有过 P 公司的,但一直以来也只是把它当作压舱石的防御性投资,只要有更好的成长性机会,我马上切换,从来没有把它当作过主力部队。不过 P 公司最近的跌法,我也有点看不懂,A 股最有价值的蓝筹股,为什么会这么"跌跌不休"呢?

当一家好公司在快速跌落的时候，我们会不会受情绪的影响，强行去给它找漏洞？就像当一家公司涨势很好的时候，我们会美化自己的逻辑。但是，当我仔细研究之后，发现它现在的低迷，背后还是有原因的。

是这家公司低迷，还是保险这个行业低迷？看了数据之后，我发现境内这几家大保险公司都在跌，P 公司 2021 年跌了 30%，A 公司跌了 24%，B 公司跌了 16.6%，C 公司跌了 24%。看到了吗？所以不是 P 公司不行了，是整个行业形势不好。那么问题来了，这个行业出了什么问题？直观的表现是，2021 年，各家保险公司的增长都开始下滑了，尤其从 3 月开始，整个保险行业的单月保费收入同比都在下滑。

再看看 P 公司的保费收入，2021 年的数据跟 2020 年的比，下滑还是挺严重的，2020 年是疫情严重的一年，按道理说 2021 年起码能维持吧？为什么 3 月下滑 17.06%，到 5 月都下滑 30.72% 了呢？这说明 P 公司在吃过去的老本，在新业务的增长上遇到了问题。

所以说，看一家公司，最核心的还是要看公司的增长性逻辑有没有变化，这个基本面是很重要的。再好的公司，如果增长性逻辑出现了问题，那么一定会出现"杀逻辑"的情况。

再往下挖一层，我们的保险渗透率跟欧美日相比，还是很低的。按道理说,我们的成长空间应该还很大,怎么就不行了呢?我觉得有两个很重要的点,值得讲一讲。

第一,近几年普通老百姓的购买力其实在隐性下降,钱比以前越来越难赚了,我们的生活成本在上升。大量的家庭看上去资产挺多,但几乎全在房子上,而且都是负债,房贷、车贷压得人喘不过气来。

所以 2021 年上半年整个消费板块都在回调的很大一个原因,就是消费力不行了,导致很多消费龙头的增长预期没有大家预想中那么好。原本以为,2021 年是我们的全面恢复年,但是想象和实际发生了落差。

如果一个人、一个家庭的普通消费都开始变得紧巴巴的,那么你觉得他还会考虑保险吗?保险的需求对于多数家庭来说不是刚需,它的优先级是靠后的。

第二,整个保险行业的销售模式太粗糙、太原始、太不与时俱进。这个行业十年前和十年后的销售方式几乎没什么变化,主要靠的还是代理人模式,说白了就是人拉人。这种模式一是低级,二是当年 70 后、80 后还愿意干这种苦活累活,现在年轻人有多少人还愿意干?有稍微更赚钱的行当,人才立马跳槽,加上人口红利也消失了,到哪里去拉那么多人来买保险呢?

P公司是家好公司,但是保险这个行业的口碑和形象过去几十年来就没好过。这几年互联网保险虽然风生水起,但是大家要明白一点,互联网只是一个销售渠道,本质上还是我们的保险产品对于很多家庭来说没有吸引力!销售人员的素质、用户的需求再加上陈旧的产品,至少从我的观察来看,全是错位的!

除了保险行业低迷、成长性逻辑出现了问题外,还有一个不能被忽视的大问题是环境问题。

敲黑板:做价值投资的人如果不了解一点顶层思维,是不行的。

什么顶层思维?一方面,全球的资本市场包括我们A股,二级市场的估值逻辑都在偏向成长性逻辑,而不是传统经典的现金流估值逻辑,只看PE的时代早就过去了!基于这一点,我这样的一级市场投资人越来越觉得二级市场反而更有机会。N公司为什么会一飞冲天,为什么跟P公司之间有云泥之别?原因就在这里。

另一方面,金融行业从现在,一直到未来可预见的几年内,我认为都会是强管控的状态,我们经济的大战略是脱虚向实,反哺实业,怎么可能允许各种金融企业的股价涨到天上去呢?没道理。

房住不炒，金融就能炒了？我看很难！所以，银行保险这样的行业，我个人认为只有防御性价值，不具备进攻性价值。基于这个逻辑，像我这样的成长型投资人，除非没有猎物，否则我是不会考虑这些赛道的。

综上，我坚信 P 公司是家好公司，也觉得它是一家可以长期持有的好公司，但是，面对这样的公司，还真得想想巴菲特的那句话：如果你没办法持有它十年，就不要持有它一秒。否则，你的持股体验是非常糟糕的！

C 高新技术公司，增长性和确定性都没了

2022 年，不管是身边的朋友，还是网上的朋友，不少人都栽在了 C 高新技术公司上。基本上都是怎么栽的呢？单吊、杠杆、满仓满融。有些人从高点跌了 20% 就开始融资抄底了，谁知道一直到 30%、40%，再到 60%，而且，我个人判断，它还会继续往下跌。

这家公司，曾经是东北上市公司里面为数不多的一只大牛股。很多人说，投资不过山海关，但在二级市场上，它算是一个反例。大家还记得那条新闻吗？2008 年，据说一个东北大妈买了 5 万元的股票，后来忘记账户密码了，又因为常年在海外，一直也就没交易过，直到 2021 年 4 月去券商重置密码的时候，发现 5 万竟然变成了 500 万，这位大妈持有的公司是哪个呢？就是 C 高新技术公司。

2021 年上半年的时候，正是 C 公司的高光时刻，但是，就在

这个新闻爆出没多久后，它就开启了一路暴跌的模式。那么问题来了，在不受投资者青睐的东北地区，C公司是怎么成为百倍大白马的？它又是因为什么跌下来的？对于它的长期价值，我是怎么看的呢？

第一个问题，聊C公司，本质上是聊C公司控股的子公司J药业公司，不要相信它的四驾马车，除了J公司的生长激素业务，其他子公司几乎可以忽略不计。

为什么？看看2021的年报就知道了。J公司营收81.98亿，净利润36.84亿，对C公司的营收贡献比例为76%，净利更夸张，占到了C公司总利润的98%。所以，C公司本身，你可以理解为就是J公司的一个壳。

那么，生长激素有什么用呢？可以说，目前全世界范围内，生长激素是治疗4～15岁矮小症患者唯一有效的药物。而且临床研究表明，长期使用生长激素对人体的副作用是不大的，而且停药也不需要逐量递减，也没有药物依赖性。

从医学上看，75%的矮小症患者可以通过使用生长激素得到有效治疗，且是唯一的有效用药。也正是这个原因，J公司的生长激素毛利率一直超过80%。对于父母来说，能医治孩子身材矮小的生理问题，那必然是砸锅卖铁也要治的。

从这个逻辑上看，生长激素是个刚需性很强的高毛利产品，这是一个看上去小众，但是绝对赚钱的好生意。

第二个问题来了，C公司的生长激素业务是怎么做起来的呢？这就要说到我国生长激素的灵魂人物金磊了。最初的C公司，其实只是一家地地道道的房地产公司，跟医药压根搭不上边，直到1996年遇到了从海外回来的金磊。

C公司有钱没有好项目，回国的金磊，倒是个正儿八经的生物医学专家，他曾经发明的"金磊大肠杆菌分泌型技术"，获得了美国生物学界的最高奖——"克莱文奖"，这也是首位获此殊荣的非美国人。但是，他没资金。于是双方一拍即合，C公司出钱，金磊出技术，在1997年成立了J公司。

从这以后，J公司就不断刷新我国乃至全球生长激素的历史。1998年上市了国产生长激素第一针；2005年，获批了全亚洲第一支生长激素水针；2014年，获批了全球第一支长效水针。

这里我稍微给大家科普一下，粉针其实就是粉末状的生长激素，水针就是液体状的生长激素，这两种针的主要区别在于水针的生物活性更高、更容易吸收、效果更好，但成本也更高。并且，长效水针一周打一次就行，但是粉针和普通水针，需要每天都打。

J公司正是凭借着这种先发优势，一路攻城略地。根据PDB

样本医院数据,从 2006 年到 2020 年,在生长激素领域,J 公司的市场占有率从 23.5% 上升到了 78%,净利润也整整翻了 51 倍。也正是受益于 J 公司的快速发展,C 公司的业绩和股价才能一路水涨船高。

但是,酒香也怕巷子深,C 公司之所以能成为行业龙头,不单单靠生长激素产品本身,还离不开强大的销售渠道。

对于生长激素这种消费型药品,在大型医院里,会受到药占比、药品招标采购等政策的限制,开药量及规格剂型往往无法满足患者的用量需求,因此,患者大多数在公立医院开处方,在院外门诊药店拿药。

所以,对 C 公司来说,营销重点并不在公立医院,院外医疗机构才是最重要的销售渠道。在这方面,C 公司一直非常舍得下血本,尽管多次被质疑其合作的民营小诊所有体量太小等问题,但它的院外渠道布局节奏依旧很稳。

最直观的体现就是,C 公司的销售费用一直非常高,比如 2021 年,C 公司在销售上花了 30.6 亿,而同期的研发费用只有 8.8 亿,连销售费用的三分之一都不到,这还是在公司 2021 年大幅增加研发费用的基础上。

于是,就有了大家看到的,C 公司在公立医院内的渠道占比不足30%，剩下的70%以上都是合作的院外医疗机构。此外，C公司还在布局自己的儿童医院，试图直接打通自有业务和对身高有需求的群体的连接，提升转换效率。比如，J公司2015年参股了S医院，其旗下的几家门诊部已经成为J公司的大客户了。

好，分析到这里，我们已经知道C公司为什么能成为百倍大牛股了。那么，在过去的一年多时间里，到底发生了什么，让它开启了一路下行的通道呢？

表面上看有两个原因：第一，一波又一波的集采消息；第二，公司灵魂人物金磊不断减持，机构大基金出逃。

但是，C公司真正让大家开始觉得有比较大的基本面问题，可能是接下来几个原因，坦白说，这几个原因也是我跟好几个朋友在探讨C公司时的核心问题。

C公司是为数不多的在医药股里长期价值确定性存疑的大白马。为什么？我国新生人口数据已经在明显地不断下降了，2019年中国出生人口还有1465万人，2020年下滑到1200万人，2021年只剩1062万人，到2022年，出生人口跌破千万，仅有956万人。

而且我查到一个数据，2021年约43%的新生人口竟然还是二胎，这个数据比总出生人口下滑还可怕。

当然,我们可以说中国存量市场依然巨大,截至2021年,我们国家4～15岁的儿童大约有2.1亿,按3%的矮小症发病率计算,需要治疗的矮小症患者大概有630万人,但我们国家接受生长激素治疗的渗透率连3%都不到,很多人拿这个数据去跟欧美发达国家10%以上的生长激素渗透率去对比,认为我们还有巨大的发展空间。

我个人认为这样的对比是有问题的。其实大家应该都知道,大多数孩子的矮小症,跟我们的饮食结构、营养不良有很大关系。大家还记得20世纪抗日战争时期的日本人吗?他们侵华的时候,日本国民的平均身高是多少你们知道吗?据说才一米五六!日本陆军的士兵经过选拔后,入伍的日本人,据说平均身高也才一米六五。

但是大家知道吗?根据2022年维基百科上的数据,日本21～25岁男性的平均身高已经接近172cm。我们呢,20～24岁的男性平均身高接近173cm,19岁男性的平均身高接近176cm。为什么?一个国家的平均身高跟什么成正相关?经济发达水平!经济发达的背后又是什么?老百姓的富裕程度。为什么日本人战后,身高一下子起来了?原因是什么?全民喝牛奶啊!更严谨点说,就是日本政府为学校的孩子提供了更均衡的营养膳食,其中一条,就是必须有牛奶。

所以,之前一次直播的时候,有人问我对C公司的未来的看法，那时候 C 公司如日中天，我就说：它的长期性价值我是有点怀疑的。核心就在这里，随着我们国家的经济水平越来越高，矮小症患者一定会越来越少，而不是越来越多。更何况，人口下降又这么快，这一来一去，市场的预期价值只会降低，不会增高了。

投资，短期是投业绩，或者是资金抱团，长期呢？作为价值投资者，你也必须考虑预期价值啊。

当然，还有一群 C 公司的股东幻想生长激素可以用在成人领域。在美国，的确有 75% 左右的生长激素使用者都超过了 20 岁，主要用在什么地方呢？抗衰老和增强肌肉。然后他们以此判断，我们国家的生长激素在成人市场的应用才刚刚起步，未来生长激素的发展空间还大着呢！

关于这一点，我个人也是持保留意见的。中国的文化是养生文化，背后是道家文化，道家文化注重自然养生，吃点保健品可以接受，直接注射生长激素，我不大认为会是未来成年人的主流选择。未来十年，不管男人女人都要通过注射生长激素来抗衰老、增强肌肉，我觉得不太现实。

再说说集采问题。很多人说，集采对 C 公司的影响其实不大，所以对广东集采和浙江集采的事情没必要过度反应。关于这个问题，我在之前的专栏中就讲过：集采，对于单一业务结构的公司，是个非常影响基本盘的利空消息。

如果你有产品矩阵、品牌矩阵，我可以将低毛利产品作为集采引流的规模化利器，然后慢慢通过高竞争力的稀缺性产品做高毛利来平滑利润，是没问题的，哪怕高竞争力产品也被纳入集采，因为这个产品只有"我"有，定价逻辑在我这儿，那么，问题还不大。这种情况的集采，的确是不影响基本盘的。如果这个市场的规模还很大，我倒是觉得集采反而变相打击了自己的竞争对手，快速抢占了市场份额，未来如果其他的产品和服务能跟上，长期看说不定还是个好事。

但是注意了，这里面有个前提，这样的公司必须是极具创新研发能力的龙头公司，而且所属的得是市场空间巨大的行业。

那么再看C公司，前面我说了，生长激素市场虽然很赚钱，毛利很高，但毕竟是个小众市场，生长激素全球的市场容量也就30亿美元左右的空间，能大到哪里去啊？C公司已经垄断了，它的市场增量长期看又是下行的，还怎么增长？

本来就是个小而美的生意，今天业务结构这么单一的生意还要被纳入集采，你想想这个影响有多大？意味着什么？接下来不再是小而美，而是小而薄利了。所以，市场对于C公司的下跌反应，我认为主要因素不在情绪面上，基本面的因素可能才是大头。

医药行业，以后还是得看创新药，但是做创新药，又得花辛苦钱，赌对了，一飞冲天，赌错了，万丈深渊！所以，医药股也不是好投的，但是起码，老龄化趋势是不可逆的，市场的大空间摆着那儿，长期确定性是有的，那么C公司呢？偏偏去赌未来的婴幼儿市场，确定性是很小的。

诸位，投资最终还是要看确定性的。再好的生意，增长的确定性没了，就是非常危险的。所以，哪怕股价再低，PE再低，也要警惕价值陷阱，轻易梭哈，还要满仓满融单吊，我觉得这压根不是在投资，而是在赌博！

究竟什么是投资

我跟我老婆早就商量过一件事，我说等女儿到了七八岁，我就准备开始系统性地教她一些投资的基础概念和理念，到时候先给她1万块钱，让她用她妈妈的账户去感受下股票市场的涨涨跌跌。

大家还记得我们小时候学骑自行车时的样子吗？那时候我们是怎么学会的？你们有人教吗？我反正是没有，上去就骑。我记得我当时骑的还是20世纪90年代的凤凰自行车，车上有条长长的横杠，我个子又小，只能缩在下面那个小框框里骑，摔了不下七八次。欸，终于学会了！就是这么简单。

我们小时候在农村学游泳，也是这样，"扑通"一声，先跳下河再说。当然，基本上都会在浅水区先试着游一下，就像刚才我说先给我女儿1万块钱试试。记住啊，我们进行任何学习，试错成本都要低。

那么，究竟什么是"投资"？人类为什么必须学会做"投资"？这个问题听上去很有哲学意味，好像都没必要讨论。小时候，我们要讨论为什么，长大后，我们反而要研究"是什么"！从我的角度来说，如果从最原始也最第一性的思维去思考"什么是投资"的话，可能就一句话：投入产出比！同意吗？

在这里，我一定要提醒大家，原始的"投资"定义，没有所谓的价值观，没有所谓的伦理道德，也没有所谓的情怀理想。投资就是投资，就是投入产出比！投资，就是要有回报，要赚到钱，对吗？接下来我们更进一步。这个观点，可能会开始颠覆大家对"投资"传统的认知定义了。

大家会想，既然投资就是投入产出比，那么这个比值当然是越高越好喽？投入得越多，产出得越多，这才叫投资嘛。很遗憾，这个逻辑是错的！我大学四年、研究生三年，学了七年的商科，管理学、金融学、经济学都有涉及，坦白讲，无论是做学术，还是我后来创业、做投资，这么多年，对"投资"的定义几乎没有一个能让我满意。原因就在刚才说的这个点上。

朋友们，从投资最原始的功能看，它追求的不是投资回报率，再强调一次，它最原始的功能，不是投资回报率，而是储蓄未来，也就是应对未来的不确定性。所以，投资最早的功能是保值。类似的观点是我看到香港知名经济学家张五常说的一句话，他说，某种意义上，储蓄即投资！非常漂亮的一句话，大家仔细想一想，这句话是很有道理的。

哪怕你把钱存在银行，也是一种投资行为。人类为什么要储蓄啊，储蓄是怎么来的？在农业社会之前，人类社会是采集社会，那时人们过的是有上顿没下顿的生活，今天吃得饱，不代表明天能吃得饱。原始动物不都这样吗？老虎捕猎一头野猪，可以管饱一两周，但是后面那顿饭在哪里，什么时候会出现，它也不知道。

所以，后来的人类变聪明了，这不是个事啊，我们得有点储蓄，把运气好的时候捕猎采集多出来的食物存下来。这样，如果遇到刮风下雨、没办法捕猎的时候，或者哪一天自己意外受伤的时候，也可以有东西吃，这样自己就不会饿死了呀！

看到了吗？投资，最早的投资，真正最原始的投资，其实是一种储蓄！它就是人类为了应对未来的不确定性，储存一点粮食，来保证明天、后天自己和自己的家人不会挨饿。从这个角度上说，松鼠这个动物就太聪明了，它是大自然里最早学会投资的小动物，因为它很早就学会储备果子过冬了，这不就是投资吗？所以，投资的目的，第一个目的，也是最原始的目的，是保值，是为了活着，也是为了生存。

现代人的"粮食"是什么？还是米、面这些东西吗？不是了。现代人，除了在穷困国家的，还会有人饿死吗？今天我们所有人这么奋斗，是纯粹为了活命、为了吃喝吗？不是了。现代社会，能调动一切资源的东西，就是人类发明的"钱"。"钱"又是什么？相当于一种国家发行的信用债。这种债，任何主权国家都是可以随时发行、随时增发的，一旦增发，就会发生通货膨胀。如果这个国家的劳动人民在未来的时间内，没有创造足够的东西、足够的劳动果实来冲抵这些"信用债"，那么你手上的"钱"，就会被变相收割、变相贬值，最后，你的"钱"就真的只能变成一张纸。

所以记住了，普通人也必须学投资，也一定要懂投资。你的第一步，不是为了赚多少钱、赚多少回报率，也不是为了把一块钱变成十块钱，更不是为了把十万块钱变成一百万块钱，而是先学会防御，先学会生存。大家靠自己的辛勤劳动辛辛苦苦赚来的钱，能不能先守住？一年之后，五年之后，还值不值现在的购买力？

我们首先一定要正确理解"投资"的功能定位。对于绝大多数投资人，先要思考的是，怎么样通过"投资"跑赢通货膨胀，不被这个世界收割自己的财富，把自己该有的保住了。这才是一个普通人该有的正确投资观，而不是好高骛远，追求所谓的一年一倍、一年几倍的回报率。如果谁告诉你一上来就有这么高的回报率，大概率就是来骗你本金的，记住这句话！

普通人学投资，一定要先求稳，求不亏损本金，求保值，在这个基础上有一定的水平和经验了，再进一步学习，来思考怎么样让自己的钱增值。

所以，投资是什么？

第一，它是一种对未来的储蓄，我们为了应对未来的不确定性，而不得不选择"投资"，哪怕它没有增长，只要不贬值、不归零，那也是投资。这是投资的下限，也是我们每个人必须去做投资的基础价值。

第二，在前面的基础上，投资是对投入产出比的追求，对回报率的追求。这个追求要抛掉所谓的价值观、所谓的伦理道德、所谓的情怀理想。

第五章 | 投资，
是活在未来的洞察

当我们研究趋势时,研究的是什么[1]

这个世界上有很多趋势,那么到底哪些趋势才会真正影响我们的生活和我们的人生?

先问大家一个问题:什么是文明?在东方的语境里,文明跟礼仪、秩序、开化这些词相关,跟野蛮、混乱、粗鄙这些词对立。"文明"这个词最早出自《易经》,原句为"见龙在田,天下文明"。我们会发现中国的"文明"含义,更偏向于行为举止、伦理道德方面,对科技、技术、先进知识是不怎么考虑的。

我们再看西方人对"文明"的理解,跟我们东方是有很大差别的。所谓文明,也就是 civilization,这个词源于拉丁文 civilis,原意是"城市化"和"公民化",进一步引申是什么呢?是分工,是合作,是人们能和睦相处、共同生活在同一个社会中的一种状

---

[1] 本文为子皮 2021 年度趋势会演讲稿节选。

态。在西方文化里,文明更像是一种更为先进的社会发展形式。

在《枪炮、病菌与钢铁》这本书里,讲过这么一段历史故事。

在新西兰以东500英里[1]的查塔姆群岛,住着一群土著人,叫莫里奥里人,这个群岛没法耕种,所以莫里奥里人都是以狩猎为生,这些人只掌握一些简单的技术和武器,对打仗也没什么经验,而且这个部落也比较松散,所谓的族长也就负责组织大家一起开个会,也没什么大的权力。

查塔姆群岛地处偏僻,在汪洋大海中,很少会有人发现。所有莫里奥里人就这么与世隔绝了几百年,安然无恙。

然而,在1835年11月19日,一切都发生了变化。一群本来住在新西兰北部的毛利人带着枪支、棍棒和斧头,乘坐一艘船来到了这里,发现了原来这个岛上还有这么一个世外桃源,于是他们又派人回去召集了更多毛利人过来,最后大概集结了900来人,就开始对莫里奥里人展开了一场腥风血雨的大屠杀。莫里奥里人将成为毛利人的奴隶,谁反抗就杀死谁。当时,在整个群岛上,莫里奥里人的人数其实远远超过毛利人,如果他们能组织起来,是完全可以打败毛利人的。

---

1 英美制长度单位,1英里约等于1.609千米。

但是，过去几百年来，莫里奥里人在这片岛上从来没有发起过纷争，更不要说战争了，他们养成了一种和平解决争端的传统，他们开了个族群会议，竟然决定不进行反击，而是希望跟毛利人谈怎么和平、友好地分享岛上的资源。

很遗憾，还未来得及谈判，毛利人就开始发起全面进攻了。

在以后的几天里，900多个毛利人杀死了数以百计的莫里奥里人，还把他们的尸体煮来吃，把剩下的所有人变成了奴隶。在以后的几年里，毛利人又把其中大多数人随心所欲地杀死。一个莫里奥里的幸存者回忆说，毛利人杀他们就像宰羊羔一样……

拉长历史来看，不到1000年前，毛利人和莫里奥里人其实是同一个族群分化而来的，最早他们都是波利尼西亚人。在公元1000年左右，毛利人从波利尼西亚迁徙到了新西兰北部，然后不久，又有一些毛利人移居到了查塔姆群岛，成了莫里奥里人。

这就特别值得研究了，因为这两个族群构成了一个小规模的人类社会对比实验。毛利人和莫里奥里人，最开始都是一样的，同样的种族，同样的文化，同样的语言，同样的技术，甚至带了同样的驯化动植物到岛上。但是呢，莫里奥里人迁徙到查塔姆群岛后，因为那里气候寒冷，原来的热带作物没法再耕种了，最后没办法，不得不回到了狩猎采集的生活。

而一直在新西兰北部定居的毛利人，因为当地气候温暖，适合农作物生产，所以很快进入了高度组织化的农业社会。农业社会一旦稳定，就会产出大量的粮食，而物质高度丰盛之后，人口就会爆炸性增长，人口爆炸性增长后就会产生大量的"闲人"，这样的组织慢慢就会向全方位发展。

但是以狩猎采集为生的莫里奥里人，一直没有足够的粮食储备，基本只能过着靠山吃山、靠水吃水的生活，部落里的人每天都在为生存而忙碌，所以没有强有力的组织，也没有什么闲人。可想而知，这样的一个社会，还停留在人类低级生存发展的阶段。

所以，毛利人和莫里奥里人的故事，其实就是一个农业文明干掉采集文明的悲剧故事。

这个真实的历史故事，让我开始严肃地思考两个问题：第一，一个社会能够真正强大的因素是什么？第二，在人类世界，实力悬殊的两种社会形态，是不是一定会发生奴役和被奴役？

这两个问题，我其实没有答案。我只知道从历史上看，西方人是一定会发生奴役和被奴役的，因为大航海的殖民时代已经很说明问题了。美国历史学家特纳甚至提出了一个惊世骇俗的观点，他认为，人类文明就是殖民文化，文明就是从不断殖民中进化出来的，人类世界能发展到今天靠的就是殖民。但是，从东方人的历史，尤其是我们中国的历史中看，我们当年的天朝上国，无论是唐朝、明朝、清朝，的确有附属国、纳贡国，但我们并没有去奴役谁，是吧？

刘慈欣的科幻小说《三体》里有个黑暗森林，我认为不同物种之间，黑暗森林的丛林生死战，大概率会发生。除非一种情况，就是人类跟蚂蚁，这二者之间的文明差异大到天上去了，我们不屑于去干掉它们，对吧？

在这里，我特别想表达一下我对"文明"这个词的新理解。

我认为第一点，文明本质上还是一种强者文明，它是由强者明文规定人们生存秩序的一种统治力量。弱者的文明，从人择原理上看，都会自己慢慢消失掉，或者遗留在博物馆里。像我们中华文明，一直传承下来，被打压，再起来，再进化，再继续生长，延绵几千年不倒，其实还是非常不容易的。第二点，文明其实是人类社会的一种负熵状态。战争暴力肯定不是文明，混乱无序也不是文明，但是有一点大家必须知道的是，维持一个社会的秩序，维持一个文明是需要能量的，是需要统治力的。而这个统治力是什么？

一层层逻辑推演下来，关于"文明"这个问题，我的答案是，维持一个文明的统治力或者说文明之力，它的核心要素可能就三个：一个是经济，一个是组织，一个是科技！

第一个，最基础的还是经济。经济决定一切。经济基础决定上层建筑，经济是一切的开端，没有经济，我们拿什么养活一个组织、发展科技呢？所以在任何社会，经济都是基本盘，经济也是一个国家最大的基本盘。

而这个基本盘里最核心的又是什么呢？是人，精确点讲，是劳动力！我们国家改革开放能够这么快地崛起，核心的驱动力其实就两个，一个是劳动力红利，另一个就是引进外资，资本红利。

我们的经济增速从什么时候开始降下来的呢？大概在2010年之后，我们的农民工数量开始下降，我们的劳动力绝对人口开始走下降通道。

人，是资产。这句话是我母亲很早之前告诉我的。她说，他们那一代过来的人都知道这个基本观念。我现在越想这句话，越觉得有道理。人不光是资产，还是文明三力的经济中最核心的资产。我们国家地大物博，资源整体上来说是不缺的，但是如果哪天我们的劳动力下降，即使那时候还有足够的资本、资源，我们的经济还是会走下坡路。

所以当一个社会劳动力、资本和资源都能蒸蒸日上，还能进行合理配置并高效流通起来的时候，那么这个国家的经济是不可能差到哪里去的。

有了经济基础,第二个核心要素是组织。这个世界上有三股强大的组织力量,第一股是国家机器、政府,第二股是企业组织、公司,第三股是宗教信仰组织。

企业组织的力量一直在全世界范围内稳步增强。可以说"经济"的核心力量——资本,都是从企业组织里生产出来的。在现代商业世界,商业的边界越来越模糊了,在西方国家,包括我们东亚的日韩,在某种意义上,企业的财阀力量已经渗透进了各种组织,它已经是一股非常强大的无形力量了。

所以一个社会怎么能够强大起来?除了经济基础之外,就是要通过各种组织,把"人"给凝聚起来,凝聚的最重要目的是什么?一致!大家一定要知道,无论什么组织,一致比对错更重要。组织如果不一致,就不是组织!一盘散沙的组织,不是组织!组织如果不凝聚成一致,是没有任何力量的。凝聚一致起来后,干吗?分工和协作!

我这几年最大的发现是,世界的多元化是不同组织的多元化,但是对于一个组织内部来说,在核心问题上是必须要一致的。这一点,我相信只要是做过企业的人,都会特别理解我说的这句话。

最后一个是科技——黑科技。科技的力量分为两块,科学理论与技术应用。根据我看到的数据,科学的基础理论到技术应用,这个成果转化是很慢的,比如我们现在的科技,绝大多数的成就要归功于量子理论，但是量子理论在 20 世纪的前二十几年就基本差不多了，转化了上百年，但是到现在，量子计算机还没有被研究出来。但是如果基础理论不突破，那么人类的黑科技要发展到科幻电影里的那种状态，是很难的。

我们创业者和投资人的任务是技术应用，从这个意义上说，创业者是商业社会的工程师，现代世界的每一个科技产品、每一个科技应用，都是我们创业者的成果，我们的功劳也是无比巨大的。

科技是人类社会不断向前的发动机，是一切生产力变革的引擎，科技的力量反过来对经济的突破是最显著的。我最喜欢我们中国历史的一个时期是春秋战国时期。春秋战国时期有两个最大的特点：一个是群英荟萃、英雄辈出，各种思想、各种人才都有；另一个是连续几百年发生了各种战争，动不动就几万人，甚至是几十万人大兵团作战。但这一切的基础是什么？就是一把小小的铁犁。

就是因为农民掌握了铸铁技术，一下子把整个农耕社会的生产力提高了一个数量级，但是很遗憾的是，人类的战争规模也提高了一个数量级。为什么？生产力提高了，农业水平提高了，人类人口就开始爆炸性增长了，然后，冷兵器的装备水平也提高了，所以死的人也更多了。

科技的进步永远是把双刃剑。科技进步，一方面，生产力会进步，每进步一次，人口就爆炸性增长一次；另一方面，军事装备也会同步上去，到现在，人类都能把自己搞灭绝好几次了。对于我们商人来说，我们的任务基本上就停留在后面这一个：如何通过现有技术进行组合，然后改造这个世界。我们更多的工作还是技术转化、技术组合以及做点微创新。

结合我的文明三力模型来看，我认为，我们押的无非就是经济、组织和科技。

经济是一切的根本，是任何组织赖以生存的容器。组织是兴盛衰亡的调节器，决定任何生命形态的发展意义。而科技，是驱动一切发展的引擎，如果攻城，科技是最强利器，如果守城，科技则是最强护城河。

于是，我们今天只要问自己一个问题：当下的中国，在经济、组织和科技方面你有没有信心？你觉得我们现在的胜算有多大？这个答案，交给你。

最后回答这个话题，当我们研究趋势时，我们研究的是什么？一个组织打败另一个组织，一个国家打败另一个国家，经济是基石，组织是核心，科技是引擎。经济是我们的血肉之体，组织是我们的大脑意志，科技是我们的驱动之源。不光是国家，仔细研究你会发现，我们的企业组织，也有三个东西在支撑：市场是我们的基石，团队是我们的核心，而产品是我们驱动市场的引擎。

弄清楚了这些底层逻辑，那么我们就彻底明白了，研究趋势研究的是什么？研究的就是经济、组织和科技的趋势，而且缺一不可！

做投资最好的时代,也是最坏的时代

这个世界上可能压根就没有什么新经济、旧经济,真正的价值投资底层逻辑只有一点:能否创造现金流?真正的价值投资永远关心一点:你能不能长期地创造现金流?除此之外,都是浮云!

我过去十几年主要投资 TMT、互联网和新消费,对这些领域比较了解。经过了一整个科技浪潮的投资周期后,冷静回头看,的确,所谓的互联网新经济领域里真正的大鳄,还是那些能持续创造巨大正现金流的公司,比如腾讯、阿里巴巴、字节跳动、京东……

最近几年很多所谓的新经济曾经都几倍地猛涨,比如拼多多、bilibili、完美日记。如果遇到大的经济动荡,一个浪打过来,这些企业可能会非常脆弱,因为表面上看起来再有大前景的企业,一旦净现金流开始剧烈收缩,跌起来一定是最狠的!

很多科技股都有高成长性的预期在里面，预期一旦被打破，现金流一回撤，那么投资人最先夺命狂逃的领域一定是所谓的新经济，这就是赤裸裸的现实！

做投资这么多年，我是玩过十来年一级市场风险投资的，我们总觉得自己多么了不起，觉得自己永远走在时代的最前沿，活在未来的时代里，好像只有我们押注的才是未来，过去的经济形态似乎都要被扔到垃圾桶里，真的是这样吗？

巴菲特，依然在提醒我们这些后辈投资人。他会反问我们：孩子们，你们知道吗？曾经的可口可乐、曾经的苹果、曾经的铁路公司、曾经的能源公司，在半个世纪以前，在一百多年以前，你们别忘了，它们也是所谓的新消费、新科技、新基建、新能源，包括"我"最爱的保险公司，一度钟爱的华盛顿邮报公司，在那个时代，"我"的盖可保险也是你们眼里的新模式、新物种公司。在那个时代，《华盛顿邮报》不就是现在抖音这样的新媒体吗？

仔细想想，是不是这样呢？巴菲特投资的东西，在底层上不也是我们现在追逐的所谓新经济吗？但是他唯一关心的还是那个问题：所谓的新经济能不能创造持续、正向、长期的现金流？

我们再来看看巴菲特 2022 年致股东的信，复盘一下他现在的最大持仓。

第一个,保险业务。巴菲特的伯克希尔除了是一家投资公司外,底层其实是一家保险公司,庞大的保险浮存金才是巴菲特最大的杠杆。什么是浮存金?就是投保人的保费,当没有发生理赔的时候,这笔钱就可以长期用于投资,最重要的是这笔钱的资金使用成本是零。在2021年,伯克希尔的浮存金高达1470亿美元,正是这部分免费的资金带来的长期投资回报,才造就了伯克希尔帝国。

过去几年,很多投资人,包括很多很有财力的实业公司都想去搞金融P2P,本质上大家都想走巴菲特的金融杠杆模式。说白了,都想用免费的资金池,然后用这样的高杠杆去撬动最好的核心资产。可惜这个模式没一个走通的,有好几个我认识的朋友,最后都进了监狱,有一个玩得最大的,判的还是无期徒刑。

为什么走不通呢?保险资金是长期资金,P2P是吗?多少人心怀鬼胎,本质上都是想给自己的烂业务做融资,自己是什么货色没点数吗?短期资金全部进了烂资产,大家都比烂,老鼠屎越来越多,最后这个行业就完蛋了!

坦白说,中国的很多商业模式都是非常有创造力的,但是往往我们会竭泽而渔,而且不管是什么东西都喜欢一窝蜂往上拥,不把一个行业做烂誓不罢休。

巴菲特现在的第二大业务是什么,很多人死活想不到,是什么呢？苹果公司。现在整个伯克希尔在二级市场的第一大重仓公司就是苹果。2021年年底，伯克希尔已经持有苹果1612亿美元的市值，浮盈了约1300亿美元。在2021年一年当中，苹果公司并没有任何买卖，但是，伯克希尔的持仓比例从5.4%上涨到了5.6%！

大家注意了，巴菲特投资苹果的第一性，不是光为了股票价格上涨的投资回报收益，伯克希尔这么大的资金体量，它投资的第一性还是看重苹果超强的现金流分红能力。这么大体量的公司，它能进退自如，有极强的防御能力，在这个基础上，苹果依然还有股权增值的能力。

所以，巴菲特投资苹果有三重原因：①获取现金流分红。②极高的投资防御性，哪怕遇到各种黑天鹅事件。③股东权益增值的回报能力。

巴菲特买入一只股票，是把股票投资的增值回报可能放到了第三重也是最后一重属性！

再看巴菲特的第三大业务，伯灵顿北方圣达菲铁路公司，简称BNSF。这家公司目前是伯克希尔的第三大核心资产，而且是伯克希尔100%持有的私有化公司，伯克希尔最早在2007年入股这家公司，当时才占股22.6%，然后2008年爆发金融危机时，巴菲特坚持看好美国经济的未来，花了440亿美元重金完成了

BNSF 的百分之百私有化！

这家公司到现在都没有上市，但是这家公司 2021 年创造了 60 亿美元的净利润，这家老巴的私有化铁路公司，在北美拥有约 51 500 公里的铁路运营网络和约 6700 台机车，主要运输煤炭、工业品和农产品等，每年运送超过 500 万个集装箱和拖车，是世界上最大的铁路联运承运公司。

看到了吗，除了错综复杂的保险帝国和世界上最赚钱的苹果，巴菲特剩下最爱的就是这家铁路公司。但是问题又来了，为什么偏偏又是巴菲特捡到宝了呢？为什么 2008 年金融危机的时候，这么多美国豪强就不敢全资收购 BNSF 呢？

因为很多投资人，包括像我这样的成长型投资人，都会认为 BNSF 已经到强弩之末的阶段了。北美的铁路网设备陈旧，技术落后，面对高铁技术日新月异的发展，大家都会觉得像 BNSF 这样的资产是过去时了，这样的重大基础设施一旦有一天跑不动了，就需要更新换代了，那么这个资金体量是非常大的！这个重投入可能未来会成为一个巨大的包袱，但是巴菲特还是出手了！

我估计他的逻辑是，哪怕 BNSF 未来的确需要进行重大的更新换代，但是在更新换代之前，它的现金流能力依然是非常恐怖的，而且具有绝对不可替代的护城河价值，因为 BNSF 是整个美国最重要的铁路网络基础设施，除非美国彻底不行，否则，不管 BNSF 再怎么更新换代，如果把周期拉到五十年、一百年甚至三百年，这笔账怎么会亏呢？

现金流，现金流，还是现金流！

第四是伯克希尔能源公司，简称 BHE，在 2021 年也创纪录地实现了 40 亿美元的利润。BHE 主要投资美国庞大的电力公司，以及风能、太阳能和输电领域。从 2000 年到 2021 年这家公司的利润已经增长了 30 多倍。

但是大家知道吗？哪怕巴菲特已经有如此稳健的现金流帝国了，但他依然还很保守！2021 年年末，他手握 1440 亿美元的现金，其中的 1200 亿美元还是通过美国国债的形式拿着的！哪怕是持有现金，巴菲特也绝对不会什么也不投，最少也要揩一点国债利息的油，即使这点油的利息其实非常低，但是他也绝不浪费！

什么是彻彻底底的价值投资者？这才是！国内的很多机构投资人还停留在代客理财的主营业务上，还达不到巴菲特的境界。

但是话又说回来，在当下的环境下，允许一个私人投资者，这样大肆收购那么核心、那么优质的核心资产吗？即使收购进来，我们的企业职业经理人，真的有像库克、纳德拉这种 CEO 那么高的职业素养吗？

我们做不到巴菲特那么大的体量，但我们能不能做一个超级迷你巴菲特式的现金流帝国呢？

我相信巴菲特的价值投资之路未来一定是光明的，但是道路一定会曲折，需要一群志同道合的人共同摸索。

最后，千言万语汇成一句话：价值投资的道路再怎么变，有一点不会变，未来的价值投资者，必须是一群洞悉产融思维、深谙投资本质、掌握前沿趋势、具有全球视野，同时还要心怀家国使命的人。

唯仁信者富，唯精进者富，唯长期者富！

价值投资的本质

消费股跟科技股是很不一样的。我每一次不厌其烦地说,豆芽的生长周期是七天,芭蕉树至少一年,但是杉树呢,要成材,起码要三十年。

企业也一样,很多妖股,它们的炒作周期就是 7 天到一个月,有些周期股、科技股的最佳持有时间是两三年,但是消费股呢,至少 5 年起步,甚至像杉树一样,它的生长周期非常长。你去看看巴菲特持有可口可乐多少年了?今天很多科技公司再过三十年都不一定存在了,但是可口可乐、老干妈或者海南的椰树牌,还活着。

所以,大家要搞清楚为什么要在你的投资组合里配一点消费股,逻辑是什么?就是用来对抗周期的。

现在大环境不好,经济低迷,内需不振,以后一定会出现相应的回调。但是如果某个消费股的基本面没有发生根本性变化，那么，我还是坚定地认为，没什么好担忧的。

有些东西我们作为价值投资者是预测不了的，且没有人能预测。也因为这些因素，消费股短期内的低迷，我认为还会继续。一句话总结，在某种意义上，朋友们，修昔底德陷阱的战争从三四年前就已经开始了，现代战争是全方位的战争。

也因为如此，消费股的行情下跌，我认为是必然的。

但是，我必须要说个但是，在历史上，能穿越历史牛熊，能扛下历次世界大通胀的公司，消费股永远是其中之一。

每每在这个时候，我总会想想巴菲特的那句话：假使你今天突然沦落荒岛，十年之后会被救回大陆，什么样的公司会让你不用担心它会消失，或者它的价值会被毁灭？所以，价值投资这个流派本身就是一个偏防御性的投资流派，这个流派的投资者，我相信一定是要有点消费股作为防御的，尤其是在特殊时期。至于这个防御，是不是就是指股价的涨跌？抱歉，可能这还真不是第一要考虑的。如今这个时期，坦白说，我在意的是资产的流动性，资产的未来现金流折现，核心资产的稳定性和防御性，我很难奢求有非常高的投资回报率。

我们也不要过度羡慕现在的机构投资者抱团买入能源股，抱团买入光伏太阳能股，抱团买入半导体芯片股，或者抱团买很多我们从来没听过的一些新概念股。这些以概念故事讲成长性逻辑的趋势投资，回报率好不好？一定好。你有能力看懂，小幅参与也没问题。我就买过一点基金配置了一些，从而跟我的能力圈进行了对冲。

但是，一个成熟的价值投资者，必须要坚持自己所坚持的，包容自己所包容的。记住啊，朋友们，投资这个事情真的是个非常非常personal（私人性）的事情，投资回报率必须跟自己比，千万不要跟别人比，一旦你陷入跟别人去比回报率的怪圈，你的心性百分之百会坏掉。

消费股低迷的另一个原因——机构资金看不上。能上涨，抛开价值投资来讲，核心的一个原因就是市场资金是看多还是看空。看多，大家争相买，股价就会慢慢涨上去，甚至急速拉升；不看好呢，就会横盘。如果散户们没信心，那么就会自己砸自己的盘，进入漫长的阴跌通道。

那么机构资金从2021年下半年以来，为什么就不怎么看好消费股呢？

第一，之前2020年、2021年那一波核心资产白马股的机构抱团中，很多消费股被抬上去了一波，那时候不少龙头消费股的价格已经到了高位了，比如海天味业，所以之前已经上去过一次了。

第二，研究能力再差的机构，也该知道，2021年下半年以来，消费股的业绩和数据都不会好看到哪里去，甚至很多公司的业绩会很惨淡。你说结果这么有确定性，你还去持有它干吗呢？

大家一定要知道，机构资金是有周期的，绝大多数是以一年为单位的，到年底了就得做排名，晒业绩，考核发奖金，他们的眼光，基本上都是以一年为单位的。所以，机构买基金基本不是纯粹意义上的价值投资，严格上来说，偏趋势性投资。在这种趋势性投资的机构氛围里，你认为有多少机构会去抱团低迷的消费股呢？很难！

所以，大资金不来拱，你指望股价一飞冲天，可能性大不大呢？

好，到这里，最重要的一个问题来了：真正成熟的价值投资者，是天天盯盘，天天做T吗？一会儿看行情，一会儿看情绪，上蹿下跳，然后以一年为时间周期吗？

抱歉，这句话，可能会误伤到不少人。在这个问题的背后，我想说的是，我们为什么选择价值投资，不就是想"偷懒"吗？注意，这个偷懒加引号。因为我们没时间天天盯盘，没时间天天折腾股票，如果是我的老粉，应该知道我对价值投资有过一个比较精准的理解。

我说，李嘉诚和巴菲特其实是同一类人，一个是以投资的方式做企业，另一个呢，反过来，是以企业的方式做投资。

我可以非常笃定地告诉大家，未来做企业和做投资，创和投是分不开的。未来做企业的人，如果你不懂资本，是不合格的；未来做投资的人，如果你不懂企业，也是不合格的。

所以，我们必须要学会以资本的视角看企业，反过来，我们也要学会用企业的视角看资本。一句话：我无比坚信，未来的商业世界必须是创投家的视角，也就是既有企业家视角，又有资本家视角。

好了，如果你吃透了上面这段话，你还会在意这两年一个企业的风风雨雨吗？你还会在意这个企业两三年的短暂低迷吗？格雷厄姆怎么说的？——买股票，就是买企业。我还要加一句，我们不光是买企业，投资一家企业，这只是投资视角，我们还要跟企业家一样，去预判这家企业的走向、这个行业的兴衰、这个国家的荣辱，我们的底层灵魂还有企业家的灵魂。我买的不光是这个企业一时的所谓股票涨跌，我买的是这个企业的终局，这个行业的终局！

所以，我还在意这一两年、两三年的涨跌吗？我们既然已经看到了未来,为什么还要在意一时的来来回回,我们要珍惜体力、精力啊。做价值投资,必须要有终局思维。终局思维,不是以年为单位的,我们只是以这个事物本质规律的过程为单位。这个过程需要多少时间,抱歉,我不知道。

巴菲特曾经面临过两次石油危机、肯尼迪总统遇刺、古巴导弹危机、越南战争,你遇到了什么?我们遇到了什么?未来三十年,我们大概率都会遇到危机!请问,你是不是就准备永远不进股市了?因为出门可能会被汽车撞,会被冰雹砸,就不出门了?你一直空仓,就等牛市来,然后搭顺风车?

这个策略很完美。但是,我比你愚笨,我比大家能力弱,我没办法这么精准地预测到什么时候牛市会来,什么时候消费股会反弹,或者还有什么行业、什么板块的股票会反弹。注意,我们今天只是借消费股,来阐述一下我的底层投资逻辑罢了。

好了,既然我是一个弱者,我没有机构投资者的聪明,也没有他们那么大的信息量,如果我还想在市场生存,而且也从来没想过打败谁,因为我说了投资回报率是自己的事,那么,请问,我该怎么做?

最终都会导向几个问题。

1.我想要的终局是什么?

2.终局有没有变?

3.公司基本面有没有变?

4.我想不想天天盯着股价涨跌,其他什么事也不干了?

5.我想不想长寿,想不想提高自己的生活幸福指数和生活质量?

每次遇到行情不好的时候,我只会问这5个问题,如果答案都没变,我就四个字:如如不动。如果有些公司的答案有变化了,就再加四个字:应时而变。以此往复,如是而已。

我不是什么投资高手,但可能可以做一个商业上、投资上的好老师。所谓高徒出名师,不是名师出高徒,我也不是什么名师。但希望不久的将来,大家的投资水平都能超过我,回报率都比我的高,但是挑战的目标永远是自己,不要跟我比。因为我的回报率对你来说,根本不重要!

一个隐秘的真相

我是突然明白人口问题有一个非常隐秘的真相。

为什么全世界发达国家生育率都越来越低,大家以为真的是经济问题吗?不,这不是本质!房贷、教育、车贷,可能还不是大家不愿意生孩子的底层原因。真正的底层原因是人类越来越开始为自我而活,越来越自私,越来越不愿意为别人而活了,哪怕是为自己的下一代。

理查德·道金斯在《自私的基因》里说,人是为基因的传承而活的。但很遗憾,现在不是了,人都在为追求精神层面上的各种享受而活。即使这样,很多人还想把年青一代赶到元宇宙,让他们更加享受"奶头乐",更加愿意为各种"爽"买单!

很多人可能不相信我这个推断。

那大家可以去三四线城市看看，这些地方的"隐富人群"很多，很多县市级地区的年轻家庭的小日子过得都很好，特别是沿海地带，你看看有多少年轻的家庭愿意继续生二胎、三胎？你再看看我们的宝岛台湾，他们的教育压力、房价压力都比较小，一查，生育率也跟日韩差不多，这个又怎么解释呢？

这是一个非常隐秘的真相，大家都不愿意承认的是，越重视教育的国家或者地区，最后生育率一定会越低。为什么？因为受教育程度越高的人越会追求个人的精神世界满足，只想为自己而活。可是养育下一代就是要做出牺牲的，是要放弃很大一部分自我的，谁愿意呢？现在，我们这一代还有60后、70后的父母为大家带孩子，当我们老了呢？自己的孩子都不愿意带，还会带孙子孙女？

更进一步，在东亚圈国家，谁被孩子绑架得最惨、最容易失去自我？是年轻的妈妈！整个东亚圈生育率普遍低下的共同底层原因，是过去半个世纪以来，大多数东亚女性受到了教育普惠政策的影响，接受了教育，教育成为每个人最基本的权利。

但是问题也来了，前面说过，受教育程度越高，会越来越自我，无论男女都一样。但是很遗憾，在生儿育女这个问题上，东亚国家的文化底层都有一个现象，女性的牺牲远比男性多得多，甚至有人认为，女人带孩子就是天经地义的！于是，东亚国家出现了更严重的生育危机，因为女人生孩子会更多地失去自我，失

▍价值生长

去自己的事业,失去自己的生活,于是结果就是,女人不愿意生孩子了。但是,现在总不能开倒车,不让女性受教育吧?

"站在女性的角度,你觉得该怎么解决呢?"有一天,我忍不住把这个问题抛给了我爱人。

"可能只有两种解决方案。第一,当然是要大大补偿女性,在经济上、权利上,都得大大补偿。第二,我们女人也可以像你们男人一样,不用生孩子、带孩子,科技这么发达,为什么不允许有人造子宫呢?为什么不是社会来统一养育孩子呢,社会难道就不能分担一部分吗?"人造子宫,这个我真没想到,有意思的答案啊。

"还有一个更可怕的问题你想过没有?"我爱人突然又问了我一个问题。我说:"什么?"

"你有没有想过,生育率低除了跟教育程度有关系,会不会跟科技生产力也有很大关系呢?我们古时候,每个家庭不断生孩子,很大一部分原因是人口的劳动力就是生产力,人丁越兴旺就越需要生孩子,特别是喜欢生男孩,因为男孩的生产力高啊。"

我说:"有道理啊!在农耕社会,没有人口就没有生产力,不生育,可能一个家庭都没办法活下去。不管是保卫家族、耕种,还是养老送终,都需要男丁。所以,也不能说古人都是愚昧的,可能这也是母系社会最终发展成父系社会的原因吧。"

我爱人继续说："但是你想想看，现在的家庭不需要通过生育来解决生产力啊。现在是科技取代了生育，科技就是生产力，那生育还需要吗？不需要了啊！"说实话，在生育这个话题上，我爱人比我想得深。我唯一想补充的是，科技产生的问题只能用科技来解决。我有一个强烈的直觉，在几十年后，科技真有可能替人类生儿育女，只是存在道德伦理上的问题。

"如果哪一天人类要殖民太空，那时候一定是科技来帮人类生儿育女，你信不信？"

"不知道，你想得太远了。"

为什么最近几年，我对中国的人口生育率和人口结构问题会那么关心，是因为在当下的中国，人口问题真的已经成了最重要的问题，长远来看，其他问题都不是什么大问题，包括什么硬科技。

大家可以先来看看这张图：

| 价值生长

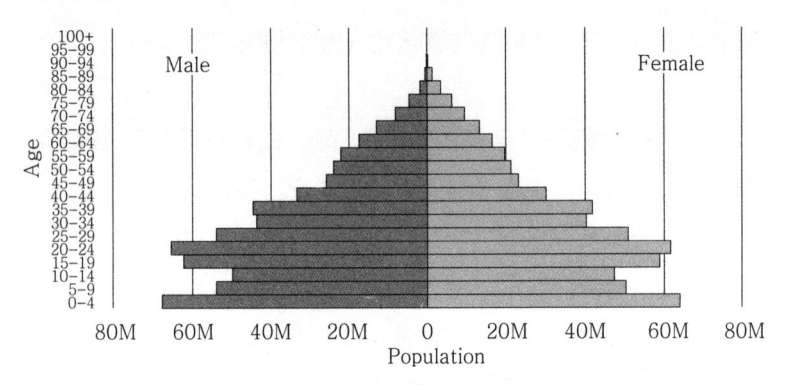

图2　1990年中国人口金字塔

（图片来源：芝加哥商业交易所）

1990年我们国家的人口结构还是个金字塔形，这个结构是非常健康的。那时候我国30岁以下的人口是绝对主力，20来岁的年轻人和0~4岁婴幼儿是最多的，整个国家的人口结构是生机勃勃的。也正因为这样的人口结构，支撑了我们国家改革开放四十年的大发展。

但是过了短短31年，到了2021年，大家再看，我们的人口结构发生了重大变化，慢慢已经变成了橄榄形（图3）。因为生育率急剧下滑，我们的年龄结构明显都集中在了30~60岁这个区间的年龄层，而这个年龄层对应的就是我们国家历史上的两次婴儿潮。如果继续保持我们现在的低生育率，那么到2050年左右，我们的人口结构一定会变成倒金字塔形！那时候再想逆转，就非常困难了。所以，我们看人口问题，不光要看生育率，还得看人口结构。一个国家的发展从来不是只靠人口，但是如果一个社会的人口结构是老龄化结构,年青一代逐步萎缩,这就会变成一件短期无碍、长期非常可怕的事情。

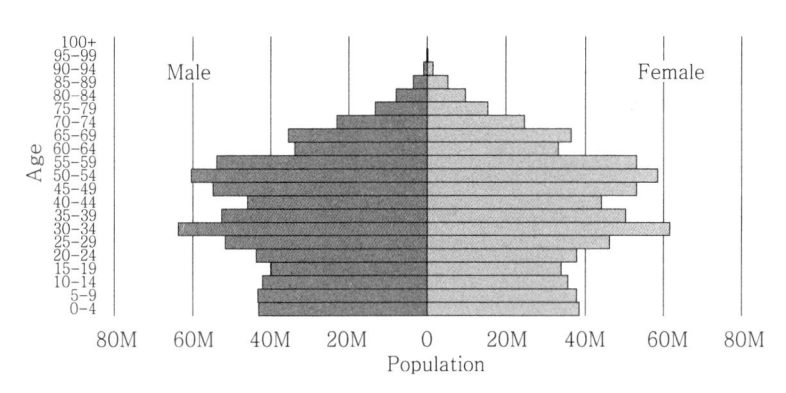

图3 2021年中国人口金字塔

(图片来源:芝加哥商业交易所)

到那时,什么商业、经济、投资全是空的,因为没有了人,一切都难以运转。

前段时间在线下给我的粉丝朋友们讲课的时候,我也给他们讲了这么一个模型。我说,人类一旦走向科技竞争的世界,那么就像进入了黑暗森林,你只能不断向前、向前、向前,增长、增长、增长,一旦停下来,就会出问题。但是,请大家看看我画的这枚增长火箭,长期看,我认为组织和科技都不会存在致命问题,唯一的大问题就在人口上,在生育率上。

| 价值生长

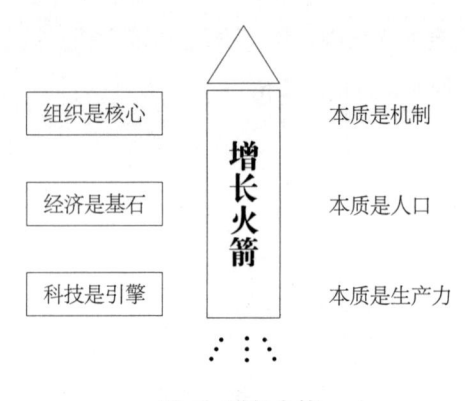

```
组织是核心        本质是机制

经济是基石   增   本质是人口
            长
            火
科技是引擎   箭   本质是生产力
```

图4　增长火箭

　　怎么提高一个社会的生育率，其实不光是国家的事，也是每一个人要去思考的课题，但很遗憾，绝大多数人不会去这么思考问题。现在的年轻人觉得这事跟"我"无关，"我"一生只想为"我"而活。大众无论意不意识得到，也都想为自己而活，"我"养活自己都够困难了，生娃"我"图什么呢？

　　过去所谓传宗接代的封建思想，虽然现代人都觉得是糟粕，弃之如敝屣，但是现在，大家看到了，人口这个重大的问题就摆在我们面前，而且当下也是改变这个不可逆事实的最佳时期。结论非常简单，如果人人都为自己而活，都不再为基因延续而活，那么到时候，我们的经济必然逐步走向衰退！

世界变天的速度在加快

世界变天的速度在加快,这几年,你感受到了吗?

第一个是疫情问题,这个反反复复来袭的人类病毒,已经把全球经济折磨得快崩溃了。NIC 前段时间发布了一个《全球趋势2040》的报告,他们把新冠疫情定义为自"二战"以来最重大、最独特的全球性破坏。但万一它变成最长期的破坏呢?这种慢性的、反复拉扯的破坏,会把很多组织能力落后的国家给逼疯!一旦一个国家在生存能力到达极限的时候,一定会出现狗急跳墙的举动。

第二个是人口问题。我们的人口数据现在竟然成了敏感数据,你会想到有这一天吗?我们的人口就算没有负增长,但生育率大大下降,结婚率大大降低,正在走向日韩的老路,这是无可争议的。如果我们的人口不可逆地在走向老龄化,我可以大胆预言:大家一定要做好一个心理准备,未来十年、二十年很多经济业态都会发生大逆转。国家一定会对人口进行全面逆操作，基于我们的社会性质，会大幅干预人们的生活成本，包括贫富问题，而首当其冲的，一定是房地产。

所以房价会越来越失去意义！除了刚需性购房和改善性购房，投资房产只会是一种防御性投资，绝对不可能再成为躺赢国家红利的成长型投资。

第三个是环境问题。在这个问题上，最可信服的观点，是比尔·盖茨在新书《气候经济与人类未来》中的预言："如果我们不采取行动，到21世纪中叶，气候变化可能变得跟新冠病毒一样致命，而到2100年，它的致命性可能达到该流行病的5倍。"坦白说，即使这样，可能我们还是低估了气候生态对人类的影响。碳中和为什么如此重要？因为已经到了刻不容缓的时候。

第四个是民族问题。美国这几年彻底乱了方寸，他们现在眼里只有自己，我天下第一的身份都快保不住了，还关心那么多干吗？全球化在经济上的倒退或许不明显，因为毕竟大家早就融为一体了，但是大家可以去看看东西方底层老百姓对彼此的评价，你会发现他们正在快速滑向严重的对立面，未来几年，局部地区发生战争的概率会很高。

第五个是科技问题。因为民族性问题，科技会跟军备竞赛一样，一定会越来越向独立系统发展，而不是走向融合。所以，科技造富的泡沫时代一定会越来越快来临，这样大量的科研人才会下海。房地产红利是第一波造富运动，互联网红利是第二波造富运动，这两波本质上都跟人口红利有直接关系，下一个十年的第三波造富运动大概率是硬科技。

所以，世界变天的速度在加快，所幸弱小的我们背后有一个强大的国家。但是我们只需记住，往后三十年最好的创富机会依然在中国，最大的投富机会依然在中国，还有一点最直接，最安全的生活环境依然在中国。

| 价值生长

意味深长的两个关键词

2020年11月3日的央视新闻，信息含金量是很大的。因为我们很少看到，一个五年规划会跟十五年的长远目标这么紧密结合，而且短期目标我们没看到任何明确的数字指标，这说明什么？放弃短期利益的KPI，只盯决定胜负的核心战略。

2035年会成为极其重要的一个里程碑，也将是我们国家真正的拐点。但是今天呢，我想特别讲讲两个意味深长的关键词，一个是高质量，一个是共同富裕。

高质量的核心要从高质量的供给开始。要有高质量的供给，就要有高质量的产业链；要有高质量的产业链，就要有高质量的技术动能；而要有高质量的技术动能，就要有高质量的人才队伍。如果没有高质量的人才队伍，那必然无法支撑高质量的供给闭环。你看，环环相扣！那么，高质量的人才队伍背后又是什么呢？我认为是高质量的教育！一个是高质量的基础教育，另一个是高质量的职业教育。基础教育是为了下一代，职业教育是为了正当时。

低端供应链很难有未来，但高端供应链背后需要大量高质量的职业化人才作为支撑，没有这些储备，是不可能成就高端的。所以，"农民工"这个词会湮灭于历史的长河之中，以后只会有职业技工、职业匠人这样的词，他们的待遇和地位会大大提高。不光是技工，各行各业，都会开始大量培养职业化人才，职业设计师、职业建筑师、职业厨师、职业保姆、职业司机、职业按摩师等等。第三产业，将会迎来一个全面职业化的时代。而商业呢，职业创业者、职业经理人也一定会顺应大势，逐渐被人认同。大众创业、万众创新没有逻辑错误，但是在创业之前，你一定要先学习如何成为一名职业创业者。

共同富裕，最早的理念是先让一部分人富起来，然后带动后富。改革开放过了四十多年，现在到了什么阶段？到了要带动后富的阶段。我国的基尼系数早就超过 0.4 的警戒线了，过去是为了野蛮生长，难道我们会继续下去吗？不会的。全面小康已经实现了，下一步必然就是共同富裕。

归而言之，核心是两点：第一，"优先发展农业农村"不会成为口号，农业、农村一定会迎来全面发展的机遇；第二，先富起来的人还是要学会低调，千金散尽还复来，多反哺社会、反哺国家是不会有错的。

┃价值生长

为什么看好中老年群体市场

先看一下下面这组数据：2016 年 9 月微信 55 岁以上用户数 768 万，到 2018 年 9 月飙升到 6300 万，短短两年时间增长约 7 倍；2013 年阿里巴巴 50 岁以上用户数 170 万，在天猫淘宝平台上的消费额仅 70 亿，到 2017 年用户数猛增到 3000 万，增长约 17 倍，消费额猛增到 1500 亿，增长约 20 倍！人均消费多少呢？5000 元！人均购买商品件数多少呢？ 44 件！ 2019 年，中国 60 岁以上人口约 2.49 亿，50 岁以上人口约 4 亿，50 岁以上的上网人群接近 9000 万，每年新增上万名中老年网民，微信在中老年网民中的渗透率近 90%！这群人有钱、有闲、有追求，在流量红利急剧下滑的时代，请问，哪里还能看到一个如此高爆发性增长的市场机会？

背后的本质是什么？第一，1962—1973 年这波婴儿潮的人口开始变老了，老年人基数很大。第二，智能手机低价普及，靠微信真正连接覆盖到了他们，从而让我们有机会去触达服务。第三，这拨人的子女大多数向城市迁徙，老年人有的跟着子女一起生活，趋近年轻人的审美和生活方式；有的独自生活，他们精神上的孤独感远远高于年轻人，手机就成了他们最长情的朋友。有数据显示，有 65.7% 的中老年用户将每天 1/4 的自由时间交给了手机，有 30% 的中老年用户将每天 50% 的自由时间都交给了手机。创业者真正的细分机会在哪里？

中老年群体市场，先得避开一个最大的常规性思维谬误：不要一想到中老年群体，就想到健康医疗、养老监护，这是典型的认知偏见。中老年群体的自理生活状态分为失能、监护、乐活三个阶段，我建议大家在未来五年内暂时不要把目光放在失能、监护这两个阶段的群体，而要盯在乐活上！乐活型中老年人，发微信、刷抖音、读新闻、追剧、看小说、网购，跟年轻人没区别。记住，20 世纪 70 年代出生的这拨人是在集体压抑的大环境下成长起来的，他们的人生都奉献给了集体和孩子，没有自我，所有可以张扬自我需求的方面都值得关注。比如中老年女性用户是被压抑的，她们对时尚和美的需求是很大的，所以中老年服装、中老年美容就有很大的机会。

但是这个行业的周期是比较长的，最需要的是深耕和耐心。人不是一下子变老的，我们要用反向思维思考，一个人老，不光是生理上的老，还有心理状态上的老。比如保健品，现在有一个很明显的趋势是年轻化，当代年轻人工作压力越来越大，有亚健康问题的越来越多，某种程度上这也是一种"老化"。

所以本质上我们与其说在看中老年市场，不如说是在看整个不断"老化"的社会结构。无论是生理上，还是心理上，这种"老化"，如果后续国家不在生育率问题上进行大幅改善，可能真的是一个不可逆的历史趋势。

为什么说农业存在大机会

很多小伙伴问我对我国农业的看法，我都回答三个字：很看好。

在过去，农业板块，资本是看不上的，创业者也是看不上的，甚至连农民都快看不上了。农村的年轻人也都在往大城市跑，农村土地成为荒地的概率也在大幅提升。但是我们有句老话说得好，三十年河东三十年河西。我有很强烈的直觉，中国的农业可能已经迎来了过去几千年以来最大的一次变革跃迁机会。

为什么这样说呢？我从几个方面展开讲讲。第一，粮食安全问题，这个问题是一个国家的根本性问题。对于一个国家来说，有两个东西是不能被卡脖子的，一个是高科技重工业，另一个就是粮食。第二，人口就业问题，AI 的大趋势不可逆，人类的下一次科技大爆发，大概率是"AI+"的全面落地，那么该怎么解决就业问题呢？我国农业能消化很多劳动人口，因为农业在中国没办法完全机械化。第三，科技赋能农业的时机和农业商业模式升级的问题。

为什么中国农业存在巨大的机会？从第二个视角来看，科技赋能农业已经不新鲜了。作为农业大国，我们迟早要走向农业强国。我认为当下最务实的是精准农业，也就是利用物联网与农业的结合，来提高农业的效率，这背后的时机是大规模传感器的成本越来越低。比如，用传感器实时监测农作物生长环境，了解土壤酸度、温度之类的变量。全球农业领域的物联网设备安装量从2015年的3000万已经增加到2020年的7500万，年复合增长率达20%。有数据显示，美国的物联网农场，农田每公顷可产7340公斤谷物，而全球每公顷平均谷物量为3851公斤。由物联网底层驱动的精准农业，会孕育出一家非常大的农业物联网公司。

最后一点，农业商业模式升级的问题。一定要树立一个观念，传统农业是第一产业，但现代农业不是。日本有位学者将农业称为第六产业，也就是把传统的种养（第一产业）、加工农产品（第二产业）以及销售和配套服务（第三产业）进行了结合。所以，像日本Mokumoku这样的生态农场，现在在国内也越来越多。

数字新基建的趋势

很多人都是从宏观经济角度来解读数字新基建,我想从另一个角度谈谈我的观察。

先了解下什么是新基建?我们知道,过去传统的基建,是道路、铁路、水利、大型公共场馆之类的,新基建是什么?看看下面这张图(图5)就明白了。

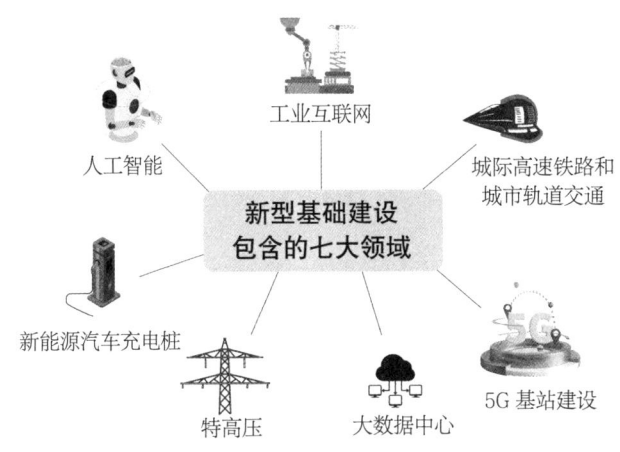

图 5 新型基础建设包含的七大领域

| 价值生长

5G 基站建设、大数据中心和人工智能，其实都是我们的信息网络升级；特高压是供电网络升级；城际高速铁路和城市轨道交通、新能源汽车充电桩是出行网络升级；工业互联网虽是产业升级，但还是跟信息化相关。

不难发现，整个新基建 7 大领域中有 4 个是跟信息化相关的。

2019 年 1 月 9 日，在杭州的一场线下公开课中，我跟朋友们提到过未来最大的趋势，见图 6。

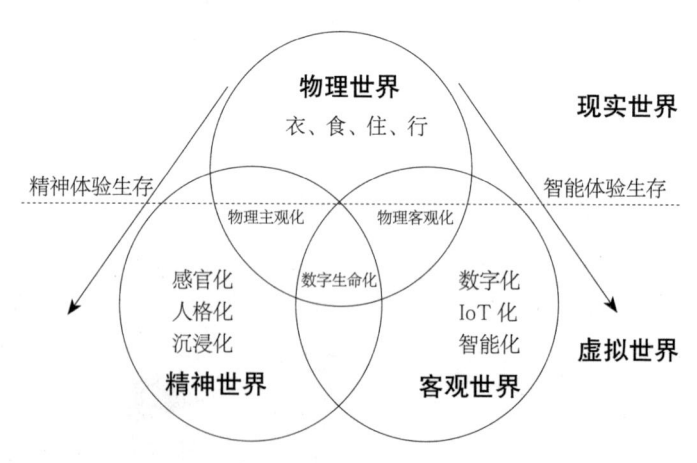

图 6　物理世界、精神世界、客观世界设想图

什么意思呢？未来的世界是越来越向虚而生的，也就是说，物理世界在向精神世界和客观世界发展。未来的世界会越来越数字化、IoT 化、智能化，也会更加感官化、人格化、沉浸化。总之，整个世界越来越会有"人造感"。

三个世界的理论框架源于谁呢？卡尔·波普尔，一个科学哲学家。他在20世纪的时候说过一个理论，他说这个世界由三个世界组成，世界1是物理世界，世界2是精神世界，世界3是客观知识世界。物理世界就是我们一切看得见摸得着的实体世界，精神世界可以理解为我们的心灵世界、情绪世界，而客观知识世界可以简化为从我们的精神世界中抽象出来的数理逻辑世界。

有没有发现，人类所有的力量都来自精神世界和客观知识世界。从长远来看，整个人类集体的力量会越来越强大，我们最终都将成为人工智能的数据母体。说得直白点，所有数字新基建都将是人类的采血站，我们每个人通过网络产生大数据，化成源源不断的血液输送给AI，最终会诞生出一个超级生命体。

但不幸的是，人类个体却会越来越弱化，特别是在我们这个现实的物理世界，生存能力会越来越弱，最终我们只能活在虚拟之中。

最后回到新基建，在短期内跟我们中小企业都没什么关系，这样的新基建都是巨头这些庞然大物的游戏，我们中小企业只能依附其上做点什么。但是，对于下一个十年，乃至更长远的未来，我们却要思考一个问题：我们的工作、我们解决的问题有没有让这个世界更加向虚而生？

下一代人的新消费品牌[1]

要研究中国下一代的新消费品牌,我觉得最好的方法是借鉴日本。为什么我们要借鉴日本呢?

第一个是东方文化的相似性。首要的就是中国的文字,语言对一个国家的思维方式、民族习性是有很大影响的。儒释道能够在东亚开枝散叶,历久弥新,跟整个东亚在很长一段时间都是同一套语言体系有很大关系。还有就是东亚文明的底色都有强烈的农业文明印记。农业文明有什么特点呢?群居特征明显,对群体依赖性较强,所以家族观念、集体观念、国家意识、等级意识、民族意识等,都会比其他文明强。

第二个是经济发展的相似性。关键词是三个,第一个是赶超型经济,第二个是1940体制,第三个是修昔底德陷阱。首先,中

---

[1] 本文为子皮《下一代人的新消费品牌会长什么样》专题演讲稿精华节选。

日两国都属于赶超型经济，日本在战后憋着一股劲想一雪战败耻辱，中国的几代人扛着伟大的使命，想重新恢复往日的荣耀。一个是小人物要崛起，一个是大中华要复兴。其次，所谓1940体制，源于日本的知名经济学家野口悠纪雄，他在《战后日本经济史》中说，日本经济能够崛起，最主要的原因起源于1940体制。在1940年，日本为了满足战争需要推行了由国家主导的经济发展模式，这种体制弱化市场的作用，强化国家对经济的干预。这一点的确很有意思，在整个东亚，几乎所有国家的崛起，都是靠国家主导的投资驱动型发展模式。最后，日本和中国都面临怎么跨越美国这座大山的问题，当年日美掉入修昔底德陷阱，日本想跨越美国，失败了，现在轮到我们来跨，但一样面临着美国史无前例的遏制。

第三个是人口结构的相似性。中国和日本的人口结构，都面临非常严重的新生人口增长放缓、老龄化加剧的问题。当然我们的问题，有很大一部分原因是我们当年对人口经济学理解不到位。

所以，日本的确是中国在消费经济方面最完美的参照对象，几乎没有之一。而研究日本整个消费经济的变迁，三浦展的《第四消费时代》是一个不错的参考材料，他把日本的消费社会分成了四个时代。

第一消费时代，发生在1912—1941年，即日俄战争胜利之后、"二战"之前，这个时期的日本正处在全面借鉴欧美国家时期，国家处于全盘西方化的商业社会雏形阶段。这个阶段最大的特点就是大城市化，就是以大城市为中心，由大城市少量的精英消费阶层享受的时代，这个时代资源短缺，人口向东京、大阪等城市慢慢集中，但是消费品还很不充足，产品批量化生产程度也不高，所有东西都供不应求。

这时候的日本也是最崇洋媚外的时候，日本人开始用牙刷、肥皂、电风扇及缝纫机，也开始传播西方的时尚和生活方式。那时候的日本人能去吃点炸猪排、咖喱饭、可乐饼，都已经时尚得不得了，先锋得不行了。

第二消费时代，大约处于1945—1974年，这是从日本"二战"失败到世界第一次石油危机爆发期间。这个时期的日本迎来经济高速增长的黄金时期，我们可以把它理解为一个国家原始积累狂飙突进的阶段。这段美好的岁月核心上还是日本开始大规模工业化发展带来的。

在大工业化时代，各种琳琅满目的商品都开始批量生产，这个时候的日本劳动力充足，于是很快就进入了全面满足的大众消费时代。大型连锁百货和超市在这个时期舍命狂奔，消费趋势开始从大城市扩展至全日本。

第二消费时代的社会特征，有几点是非常明显的：人口出生率高，劳动力充足，城镇化大幅上升，家庭小型化。这个阶段出现了日本战后的第一次婴儿潮，多年的战争导致老年人口剧减，在这个时期日本城镇化率从 28% 提升至 76%。在 1960—1975 年，日本家庭平均人数从 4.14 人降到了 3.28 人，基本变成了三口之家，人口加速向大城市集中，农村乡镇的年轻人都跑到大都市去了。

这个阶段的三大消费神器是洗衣机、冰箱、电视机，汽车、空调、彩电的普及率快速提高，人们主要的消费就是围绕耐用大家电和汽车展开的。你家有了，我家也得有，并且什么都是越大越好。家庭之间的趋同性消费很明显，全是工业化时代的标准化商品，没有所谓差异化之说。

第三消费时代，大致在 1975—2004 年，石油危机发生后，日本的高速增长换挡到了中速增长。到 20 世纪 80 年代中期，日本签订《广场协议》后，日元持续升值，出口承压，扩大内需，经济泡沫繁荣，大量投机资本进入地产和股票市场，于是 1986—1990 年日本迎来一波长达四年的回光返照，一波由纯投机驱动的日本泡沫经济大增长，然后瞬间泡沫破灭，20 世纪 90 年代进入了平成大萧条时期。我们经常提起的日本"失去的二十年"就是从这个阶段开始的，日本当时每年的 GDP 增速不到 1%。

这个消费时代的人口结构特征也非常明显：第一代新新人类成年，劳动女性大比例增加，单身比例大幅上升。日本到了 20 世纪 70 年代末，那些从小物质丰富、不愁温饱的新新人类，开始倾向于消费属于个人、具有自我属性的商品了。这时候的人们，开始从与人趋同，走向多元化、差异化，在这个阶段高端化、品牌化、炫耀式消费、小众消费都开始大量涌现出来了。阶层的分化在这个时候也开始出现了，有钱人、所谓的中产阶级、穷人的消费层次也逐渐分化出来。

在第三消费时代，从我的理解出发，有什么特征呢？以前是有需要，所以有真正的刚需；现在是想要，绝大多数需求是诱惑你想要，而不是真的需要，所以没有那么多所谓真正的刚需。在这个阶段90%的需求都是被人勾引的，都是有人在你脑子里偷偷告诉你"你需要，你想要，你特别想要"，而你真正的"自我"早就迷失在标签里了。

第四消费时代，是从2005年到未来的2034年。日本从20世纪90年代初经济泡沫破裂后，就进入了"失去的二十年"，第三消费时代后期就已经进入萧条时期了。在2005年之后，日本经济依然低迷，居民的收入增长很少，而老龄化的问题却日益严重起来了，第二消费时代的人已经六七十了，第三消费时代的人又不愿意结婚生孩子。

所以，第四消费时代的人口结构变化特征也非常明显，日本进入低出生率、劳动人口减少、老龄化加重、贫富差距拉大的局面。当老龄人口越来越多，单身率又居高不下，宅人族和啃老族又越来越多时，人与人之间的关系就开始越来越淡化了。同事之间，只有敷衍的工作关系，而邻居等于陌生人。于是，当下的日本，政府、社会、个体都开始反思和重视人与人之间的交流，他们越来越意识到，只有人与人之间的沟通交流才能带来真正的快乐。

由物到人的转变，使得人们在第三消费时代只关心商品或服务给自己带来的一时快感，到第四消费时代，人们开始关注人与人的关系带来的更持久的愉悦感。所有的消费，开始追求简约、追求返璞归真。炫富已经没意思了，真正富有的人都变得很低调，穿衣只穿基本款，站在人群中你都会忽略他，反而是那些没什么钱的人还停留在第三消费时代的虚荣消费中，喜欢奢华。这个时期的日本消费，有几个比较明显的特征，就是消费呈现本土化、简约化、环保化，一切从简，一切追求朴素。

到这里，我们对照下中国与日本的消费趋势，大家发现了吗？中国的整个消费轨迹简直跟日本一模一样，就像时光穿梭一样！我们的消费历史基本上就差日本一个时代，大约差了三十年。日本处于第一消费时代的时候，我们还在为统一中国而努力，到日本第二消费时代的时候，我们才开始捍卫我们的世界地位，刚刚步入第一消费时代，到日本第三消费时代的时候，我们启动了改革开放，进入第二消费时代，开始狂飙突进，而日本到第四消费时代的时候，我们刚好处于第三消费时代。

当下，整体来说，我们明显主要处于第三消费时代，第四消费时代已经开始，两个时代交叉并存叠加。这几年从网易严选、小米优选到各路新消费品牌的诞生，都很明显体现出我们处于个性化消费的时代，自我主张、由量到质、感性消费、炫耀式奢侈品消费，会变本加厉。同时，第四消费时代的苗头已经出来了，很多早富很多年的人，开始追求返璞归真的东西，加上疫情的影响，让越来越多的人明白，生活当中其实并不需要很多没必要的东西。

我认为围绕第三消费时代，有四点是必须注意的，哪四点呢？

1. 自我主张——对应着垂直人群的定位。
2. 创费满足——对应着创造人设的生活方式。
3. 由量到质——对应着打造高品质产品的匠心。
4. 感性消费——与用户情感共鸣的交互方式。

对于这四点，我认为未来的新消费品牌要做到两点以上。

而如果我们想提前布局第四消费时代的品牌，那么一样也有四点需要注意。

1. 共享社会——对应着一个问题，什么呢？——是Access（使用权）还是Ownership（所有权）？也就是说，重要的不是你拥有多少，而是能调动多少。
2. 返璞归真——回到用户内在，回到产品最朴素的功能上来，抛开花里胡哨的东西，回到本土文化，回到能打动用户的那个点上来。

3.由物到人——从物本身回到用的人身上，从人本主义出发，思考怎么样让产品跟人之间有温度、有交互、有关系。

4.理性消费——一个可持续的商品，不用天天给消费者洗脑，不用天天种草打广告，消费者也会想着、念着，会回购这个商品。

爱彼迎（Airbnb）就是典型的Access，而非Ownership，没有一所房子是它的，但是它却控制了全世界600多万套房源，比世界上任何酒店都大。像抖音、Instagram这类的平台也是共享平台，所有内容都是用户创作的，都是用户的资产，但是它们拥有的是调动分发资源的能力。海底捞是典型的由物到人的公司，它能做大，一方面是火锅生意本身很容易实现标准化、规模化，但另一方面它的成名绝技是把服务口碑做到了极致，有多少人是冲着海底捞有温度的服务体验去的呢？

"人们追求的是能够让人生和时间充实的消费，而不是消耗人生和时间的消费。……对于人类来说，最大的问题就是如何度过人生，无论是浪费人生，以筋疲力尽、毫无成果的方式告终，还是度过充实的时间，带着满足感告终。"

这段三浦展写在《第四消费时代》中的话，我很喜欢。

中国制造，能不能超越物美价廉

我对"物美价廉"这四个字越来越不感冒了。我们做企业、做生意，做"物美"的产品是必要的，这也是所有创业者的追求。但是物"美"了，就一定得"价廉"吗？我不认同，至少在某些行业上，是不适用物美价廉的。比如很多高科技产品，是需要不断重度研发投入的，如果你把毛利降得很低，那么你还有利润投入下一代科技产品的研发中去吗？

科技可以平权，但一定不能平利。把产品净利率定得低，哪儿来更多的资金在未来研发出足够酷炫的产品？伟大的公司必须要有足够的利润支撑它各种各样的试错，如果苹果没有那么雄厚的利润作为支撑，它怎么敢做各种探索性的动作？

现在的手机虽然没有太多创新的空间了，但是下一个划时代的产品在哪里，不需要烧钱吗？这些产品长期看都是大窟窿，钱从哪里来？难道真的要不断增发从二级市场上筹钱吗？或者不断在体外拿资本的融资孵化各种新项目？是，资本最喜欢你干这种事了，但是靠资本一直续命的公司，能长成真正的参天大树吗？历史上没有过，以后也不会有。

很多人会跟我提连锁超市的例子，阿尔迪、Costco、山姆会员店什么的，说子皮，那你怎么解释这些超市打了一辈子仗，就是用的"物美价廉"这张牌呢？包括你经常提到的优衣库，他们打的不也是"物美价廉"的招牌吗？我说你错了，他们打出的从来不是"物美价廉"，他们从来打的都是极致的周转效率，打的是精细化的成本管理。因为无论是超市，还是服装连锁，基本没有什么研发投入，他们玩的都是供应链整合。在这些日常消费品领域，作为民生基础，他们的可替代性是非常强的，很多日用消费品甚至都不需要什么品牌，但它们是可以实现品牌化的，渠道品牌有时候比产品品牌更重要！

在这样的领域，他们的竞争核武器只有一个：价格！他们的商业模式注定要从成本里抠利润，什么阿尔迪、优衣库，说白了，就是个 1 件起售的批发渠道，只是它们都把供应链做到了极致，它们真正的功夫在后端，而不是前端。所以，我不认同把零售超市的模式嫁接到科技消费品领域的方式，日用消费品零售和科技产品的消费逻辑，我不认为能混为一谈。黄峥的拼多多借鉴 Costco 会员模式还能理解，本质上只是线上线下的参照，别的企业是不能这么生搬硬套的。到这里，我只是批评了"物美价廉"的第一层含义。

接着，我想聊下中国的消费者文化。我不知道我们"物美价廉"的文化是从什么时候发端的，但这样的消费者文化，整体不利于一个国家的经济往更高质量的模式转型。为什么这么说呢？因为正常受过教育的人都会更相信，一分价钱一分货，便宜的东西没好货，这才是天道。你要东西非常好，还极其廉价，品牌商家把这种方法作为营销手段、体验手段可以，长期来说商家为了抠出利润，如果没办法在产品上偷工减料，那么只能压榨自己的员工，甚至千方百计去逃避税收。最后，我们的产品只能陷入一个规模化低级制造的恶性循环，你根本没办法有足够的利润去开发更好的产品，你也没办法拿出更大的利润给自己的员工涨薪、加福利。于是，你当然没办法让大家的工作变得更体面、更有尊严，甚至还要不断通过"996""007"的方式压榨他们，尤其是在实体制造领域。

如果我们没办法提高我们的利润率，让我们的企业真正赚到足够的利润，那么他们怎么引进更高级别的人才？

他们怎么敢烧钱去创新划时代的产品？过去这么多年，在我们的商业文化里，我们的消费者喜欢贪便宜，我们的企业喜欢打价格战，然后呢，自己人之间打得你死我活。东西是便宜了，但是最后我们大大降低了欧美国家的生活成本，我们底层工人的薪资反而可能连欧美的 1/4 都不到。现在好了，年轻人更不愿意去工厂了，然后我们陷在低级的世界工厂怪圈里出不来！

如果我们往深了追究，不就是我们喜欢"物美价廉"这种商业文化造成的吗？甚至很多人喜欢吃免费的午餐，薅商家的羊毛，这种作为个体来说可以理解，但是如果整个社会都提倡免费文化，合适吗？免费的背后是一种商业模式，但背后的套路其实更深，正常人都应该知道，免费的才是最贵的，什么都免费了，企业该怎么活？

为什么很多 VC 支持的 SaaS 类产品优先考虑的是出海呢？因为欧美用户的付费习惯跟我们不同，好用的免费产品，人家的习惯是考虑你们什么时候开始收费。因为他们知道，如果你们一直不收费，那么迟早要倒闭，那他们在这个产品上的所有数据就会消失，这样的产品，谁敢用？在现代世界，真正做慈善的最好方式就是做出好产品，造福更多的人，然后让你的企业赚到钱。

所以，商业是最好的慈善，但是不代表商业就一定得免费，一定得物美价廉，我们能做到"好东西不贵"就很好了！大家说呢？

顶层思维做投资

顶层思维究竟是什么？如果用一句话来讲明白顶层思维，我认为就两个关键词：一个是底线思维，一个是路线思维。

底线思维，就是要树立危机意识，做好最坏的准备。

那么，什么叫最坏的准备？就是哪一天跟对手真的打起架来，下狠手的时候，我们不仅能活下来，而且还能让对方也不好过。那哪些地方对方会下狠手呢？比如能源、芯片、农业。为什么一定要搞新能源？为什么半导体必须要搞好？为什么粮食安全那么重要？意义就在这里。

在决战到来的时候，高手之间是不能留命门给对方的，否则趴下的就是自己。所以，我们这几年天天在讲的卡脖子技术，就是要把自己的罩门在决战之前，赶紧补好。明白了底线思维的危机意识，我们就会意识到，对于顶层来说，GDP 都不是什么重要的东西。如果连 GDP 都不是第一性的，那么那些不帮忙还添乱的行业，又算个啥呢？该拿捏的，一定得拿捏。

在真正的竞争面前，看上去重要的可以很不重要，看上去不重要的可以很重要，这就是底线思维对于投资人和创业者要警醒的地方。

路线思维，就是东方大国的理念世界。在东方文化的骨子里，不管是哪种主义，天下大同的信念是不会丢失的。大家想一想是不是这样呢？也不用去区分什么个人还是集体，效率还是公平，家国一体的本质不会变。你问每一个中国人，"家"重不重要？当然重要。"国"呢？一样重要！

过去四十年，还吃不饱穿不暖的时候，效率比公平重要。当大家奔向小康了，便既要效率也要公平，这时候，追求共同富裕就是我们最大的目标！等哪一天，共同富裕也实现了，天下大同了，那么公平又比效率重要了。这就是一个周而复始、不断轮回的过程。

于是，在这个效率和公平兼顾的阶段，如果一味地追求效率，不考虑公平，那么迟早会被反噬。过去几年，从互联网金融、K12 教育，再到演艺圈、住房问题、反垄断问题，哪一个不是冲着公平去的？

如果这时候,有人还只管市场经济的效率和自由,这不是跟我们的理念世界背道而驰吗?那他的结局不是注定了吗?

顶层思维需要顶层意志,意志越坚定、越长期,那么动作一定越直接、越干脆。所以,未来我们的财富逻辑跟过去只追求效率的时代相比,会发生明显的不同。

人类的下一代智能硬件是什么

有粉丝问了我一个问题：PC时代向智能手机时代演进的十年里催生了很多伟大的公司，未来十年，下一代智能硬件会是什么？是VR、AR，还是智能汽车呢？

如果只是十年的话，我认为智能手机还不会那么快被淘汰，虽然可能会被打脸。智能手机，依然是人类的一个超级器官延伸，无论是脑电波交互硬件，是穿戴式硬件，还是其他任何东西，我不认为十年之内就能那么快完全取代手机。

而至于下一代硬件是什么，我也不知道，但我们可以做排除法，比如我认为下一代硬件一定不会是问题里提到的智能汽车。

未来新的智能硬件是什么，我们不一定知道，但它大概会有哪些特征，我们是可以推断的：第一，它一定会跟用户的交互时长更长、频次更高、贴身性更紧密；第二，它一定是更自然的交互方式，会越来越符合人类本来的自然交互形式，你可以理解为是一种越来越傻、越来越懒的交互。智能汽车只是场景式特定空间交互，肯定不会成为下一代。

我很多年前在知乎上回答过一个类似问题，我在答案里提到一个概念，就是互联网的发展，会由信息的固态方式，走向液态方式，最终走向气态，也就是信息无处不在、交互无处不在。所以，未来的终端互联网，可能是无处不在的智能硬件拼凑起来的一个新的交互世界。

此外，我特别想强调的是，下一代硬件的核心命门永远只有一个：交互方式。人类与信息的交互方式，无非是眼睛、触摸、语音、脑电，但是怎么让这些交互方式更加自然地结合，才是真正的方向。至于是智能眼镜（比如VR一体机），是脑电波，还是芯片大脑皮层植入，都没必要去猜测。很多年前，我写过一篇文章，叫《连接、交互、让美发生》，我们只要知道，无论哪一代人都离不开这三个关键词：连接、交互、让美发生。而对于创业者和投资人来说，永远保持敏锐性，当下一代硬件在5%的人群中开始流行的时候，你应该已经早早布局；当达到20%渗透率的时候，你应该已稳操胜券，只要坚决不做旁观者就行了。

碳中和,是个大事情

碳中和,是个大事情,大在哪里呢?可能会影响我国经济未来几十年供给侧和需求侧两端的底层变化。

首先,为什么要碳中和?五个字:高质量发展。大家如果去查资料,会发现国家早在2013年就已经做出一个非常重要的论断:不简单以GDP论英雄。八年前,国家就已经在着手转型这一个超14亿人口的大规模经济机器。

注意,"快"已经不再是整个经济的主旋律,现在的主旋律是追求有质量的增长。这个理念上的转变,首先绝对不是口号,因为自上而下已经切切实实执行八年了,这个节奏开始越来越快,也越来越严格,这点大家务必重视!

其次,绝对不是应付,现在的上层组织,一旦理念和决策一锤落下,那就必须高要求推进了。那么,碳中和的预期导向对于供给侧，比如给我们大大小小的创业者，我们的各路社会资本，有什么大的建设性意见呢？

我认为有三条重大原则。

第一条，务必重视新能源技术。新能源汽车、自动驾驶、车联网一定是最大的杀手级应用，这个是非常确定的。

第二条，务必重视数字化转型。除了新能源，最能实现碳中和的一定是数字化改造。所以，在未来十年，所有中小企业都要面临一场浩浩荡荡的数字化转型大赛，以后不会有什么传统企业和非传统企业，一律都会变成数字化企业。所以，这几年云计算的基础设施公司为什么都开始纷纷上市了？因为底层架构都铺好了。

第三条，务必重视生态文明建设。谁破坏生态，谁不顾及环境，你看好了，以后有他们受的，大账小账迟早有一天通通会被清算。

那么，在需求侧（比如终端零售），对于我们普通老百姓，碳中和又有什么实际的建设性意见呢？首先，最直接的，杜绝铺张浪费。长期来看，我认为一手奢侈品市场在中国的增长势能会放缓，对二手市场可能倒是个利好。其次，年轻人的超前消费风气，会被舆论干预，而那种老是鼓励年轻人透支消费的金融服务，太嚣张就一定会被反噬。

所以，碳中和的背后是高质量发展。高质量发展的背后呢？是为国家谋强盛、为人民谋幸福。国强民富的背后又是什么呢？命运共同体！天下大同才是我们这个民族最大的愿力啊。

由此可以很明确地推断，碳中和绝对算得上未来十年乃至三十年的大事情，这不光是中国的大事，也是全球的大事。因为碳中和，也突然让我更加深刻领悟了一个底层的投资逻辑。

什么呢？接下来这两句话非常重要，我重点敲一下黑板。

第一，市场越野蛮，草根越有机会；市场越文明，龙头就越有机会！

第二，每一次旧技术不堪重负的时候，就是革命者横空出世的时候。

碳中和，既是让市场由初级走向高级，也是淘汰旧技术、呼唤新技术到来的大时代。仔细想想，是不是这样呢？所以，每一次自上而下的门槛约束，都会大大提高行业供给侧龙头的竞争力，同时每一次技术上的新突破，又会开辟一个新的结构性增量机会。我举几个例子大家就明白了。

过去几年,养猪行业飞速扩张,龙头牧原在4年内产能增加了近5倍,市值扩张了近10倍,最大的驱动力是什么?就是环保禁养。我们小时候在农村,谁家不养猪?现在谁还养?猪粪处理得了吗?环保搞得定吗?那么大规模的养殖用地,搞得定吗?只有头部才能搞得定。记住,门槛越高,龙头越强!

可口可乐在19世纪末就有了,但是直到20世纪20年代才真正起来,最大的驱动力是什么?全国禁酒令。美国人的餐桌上需要一款替代酒精的爽口饮料。所以,约束大的时候,替代性创新就来了。

为什么从趋势上我坚定地看好营养保健品T公司?一个当然是老龄化不可逆,并且也很难阻挡了,另一个最大的底层逻辑就是这个。我们国家保健品行业的门槛只会越来越高,而不会越来越低,特别是保健品直销在我们国家越衰落,非直销的T公司就会越有空间。所以,很多几百年、上千年前就存在的行业看的压根不是需求侧,而是供给侧的门槛问题。每一次行业门槛的政策性大变,越具有毁灭性,那么对于龙头来说反而越是天赐良机!

从这个底层逻辑出发,我们找到了一个财富密钥的供给侧力。我们研究一些在需求侧端平常几乎不需要讨论的行业,主要从供给侧端,去观察这个行业未来有没有大改造、大升级的机会。

有哪几个呢?我举个例子,比如现代农业,未来十年、二十年我们国家的农业是需要巨大供给侧改造的，农业龙头公司可能需要长期关注；再比如数字化企业服务，未来几十年我们国家各行各业的产业升级也是不可逆的，背后就是数字化改造；还有就是健康医疗，跟人命相关的东西都是需要供给侧门槛的，不是随随便便一家企业就能做的。

这些行业一级市场做到有特别强的竞争力，其实相当有难度，还不如在二级市场寻找未来有机会成为大家伙的公司。所以，未来真正的投资大机会在哪里？可能就要在需求侧不用被怀疑的大赛道里，寻找那些供给侧力需要大升级的龙头标的。

■价值生长

世界正在进入碳本位时代

全世界最主要的几个发达国家都已经在切换能源供给引擎,希望从化石燃料(比如煤、石油、天然气)切换到更绿色、更健康、更长远的新能源上(比如风能、光伏太阳能、核能)。

我们过去几年也在刻意减少对煤电的依赖,对各种高污染高耗能的燃煤项目都在做供给侧改革去产能。除了我国,全世界都在逐步关掉燃煤发电厂,英国2015年就宣布计划在2025年淘汰所有燃煤发电厂,法国2018年宣布将在2021年关闭国内所有燃煤发电厂,加拿大2018年12月宣布会在2030年前逐步淘汰燃煤发电厂。

但是有一个很尴尬的问题,全世界都在嫌弃高耗能高污染的煤电,那么新能源的发电量能补上煤电减少的缺口吗?很遗憾,答案是不行!

水电、风电、光伏太阳能都很依赖季节气候，冬天水一枯，水电就少了；西北风没了，风电就要停；如果连续几个星期都是大阴天，太阳能就完蛋了。说白了，都要靠天吃饭，这哪有煤电稳定呢？有人说可以搞核电啊。一个东京核泄漏都这么严重，全世界还敢到处造核电站吗？

那么为什么全世界要逐步淘汰煤电，切换新能源呢？因为环境问题，特别是地球的气候变化已经十万火急！过去二十年，全球每年有近2670亿吨冰融化为水，而且融化速度越来越快。联合国的气候委员会发布报告，除非未来几十年内全世界国家联合起来大幅减少温室气体，否则到21世纪中后期，全球气温会提高1.5～2摄氏度。

气象组织在2021年指出，南极的最高温度已经升至18.3摄氏度，如果南极的冰盖全部融化，海平面将上升约60米。

如果全球接下来再不实现碳中和，继续燃烧各种化石燃料，大肆砍伐森林，那么接下来一两百年，会有数十亿人面临巨大的地球灾害！事实上过去这几年，极端自然灾害天气越来越频繁，每年因此而死亡的人已经高达500多万，重要的是越来越反常的气候问题还在逐渐加剧。

2015年，经过全球各国的努力，各国领导人签署了《巴黎协定》，并承诺在21世纪末全球升温必须控制在2摄氏度以内，最好控制在 1.5 摄氏度以下，从而阻止地球气候的持续恶化。我们国家也签订了这个协定，截至 2020 年，我们是全球最大的碳排放国，2020 年占全球碳排放总量的约 31%，而且还在碳排放上升阶段。

过去我们因为比较弱小，处在资本的原始积累阶段，所以当不少发达国家联合起来想用碳中和遏制我们经济崛起的时候，我们用各种巧妙的办法挡回去了。但是现在，我们已经是全球第二大经济体，作为大国，又是人类命运共同体的倡导者，必须得承担起相应的责任了。

于是，我们在 2020 年对外承诺：2030 年实现碳达峰，2060 年实现碳中和。从 2021 年起，我们各地明显进入了对碳达峰、碳中和长期战略的执行阶段，于是，这场环保运动到地方上就出现了拉锯战。但是反馈到结果上，一是煤炭产能要控制收缩，减少投资；二是要淘汰各种高耗能高排放的落后产能。

所以，这场全世界的新能源转型，一方面是全球生态大战的需要，另一方面恰好也是我们过去粗放型经济面临高质量转型的需要，加上美国这几年对我们国家的各种遏制、阻击，更加逼得我们必须向中高端产业链升级，这就是供给侧改革背后最隐秘的深刻逻辑！

朋友们，无论从哪个维度看，碳中和战略都必然是我国坚定执行的战略。因为人类的发展,正在从过去的金本位时代,经由当下的油本位时代,转向未来的碳本位时代。注意,这句话特别重要!

如果回顾美国的历史会发现,它之所以能成为超级大国,是从"二战"后,利用布雷顿森林体系构建了金本位的货币体系,后来在这个体系瓦解后又把美元跟石油挂钩,但是接下来,要挂钩的很有可能是碳排放。谁掌握了碳本位的配额,谁就掌握了下一代货币战争的咽喉。还有一个隐性的点,抛开东西方的意识形态,碳中和已经是牌桌上各国最大的底层共识,也是各国之间保持对话的最大的合作基础。

不过在此之前,还是先回到现实吧。现在,人类的发展遇到了一个极其尴尬的矛盾,我们要实现碳中和,但是煤炭又无法承载碳中和的使命。难道为了一点海外的订单,我们又不得不回到老路,再走一遍煤炭肆意扩张的时代吗?关键是这些订单,还不怎么赚钱啊。

最后,我用两句话结尾:第一,人类的下一场能源科技,浩浩荡荡,迫在眉睫,谁能一举突破人类的新能源革命,谁就是下一代的时代引领者;第二,伟大的科学家创富时代到了,年轻的科学家们,你们的星辰大海可能就在眼前!

风险资本的分岔口

如果美国真的彻底禁止中概股上市了,那么国内的这些美元资本该怎么办?很多人总觉得不可能,认为这只是大国博弈的一个插曲,但我觉得以后什么都有可能发生。

正儿八经的美元风险资本进入中国,最早应该追溯到二十几年前,那时候第一波的上市浪潮是新浪、搜狐这批门户网站,新浪更是成为国内 VIE 架构上市的先驱。可以说,过去几十年,成就我国科技互联网的,很大的功劳都来自美元资本,风险投资的代名词就是美元 VC。

大家现在所知道的大多数互联网的基础设施,如腾讯、阿里巴巴、字节跳动、美团、小米、百度、滴滴、京东、拼多多、bilibili……背后最早都是美元资本烧起来的。

这里就出来了一个问题:为什么过去几十年,中国的互联网本质上都是美元资本的天下？他们做对了什么？

风险投资真正的起源，可能还不一定来自美国硅谷，我觉得从精神本体上看应该起源于15世纪的大航海时代。最有代表性的是西班牙王室，重金支助了哥伦布四次横渡大西洋，最后成功发现了美洲新大陆。

风险资本的原始内涵里会有一种强烈的好奇心和探索欲望，它需要有想象力，它需要"因为看见，所以相信"，而且这种想象力还必须是乐观的，必须是有冒险精神的。当然，我们也得承认这种风险资本背后的驱动力也来自对金钱的欲望甚至是野心。

但它的正面性在于，因为风险资本知道这种探索的成功率很低，所以它天然具备很高的容错率，有时甚至抱着试试看的运气，失败了就当为科学应用做公益了。硅谷一度成为全世界的科技创新之源，跟风险资本的这种特征有着极大的关系。

伟大的创新需要伟大的试错、伟大的冒险。如果没有容错率，如果没有大量的资本去冒险，如果全是巴菲特这样只看未来现金流折现的古典投资人，那么硅谷是不可能存在的，全球互联网的发达、各类前沿科技的突破，也是不可能存在的。

知道了风险资本的正面价值，我们国家才会在20世纪90年代开放外资进来，让这些敢冲、敢打、敢冒险的风险资金为中国的未来试错。不成的话，起码也做了就业贡献，还培养了我国一大批人才，我们没花一分钱就有人帮我们走到了世界的前沿，何乐而不为呢？

结果当然是成了。代价是什么？代价就是把这些互联网科技公司带到美国去上市，他们让美元进来，也需要美元退出。一边我们不花一分钱，把整个中国的互联网新基建给建起来了；另一边，人家也靠着我国的人口红利、巨大的市场价值赚到了不菲的财富，两边各取所需，谁也不欠谁。

但是过去几年，大家会发现，以美元基金为代表的风险资本开始发生了变化。什么变化？越来越急功近利，越来越短视，越来越内卷，一级市场的资本抱团其实远比二级市场来得狠，市场上头部基金就那么几家，他们的投资风向基本上决定着整个风险资本的趋势。

每年一级市场都看上去很热闹，一个风口出现，大家蜂拥而上，不是烧钱就是补贴。任何一个有点故事的赛道，没有几百家竞争，都不好意思说是风口，于是，造成了大量的资源浪费。这几年更离谱，开始盯上拉面、烧烤和火锅了，风险投资不再活在未来，而是只追求当下的套利。账面价值是一切，谁还管未来呢？

所以，我们得反思，风险资本怎么会走到今天这一步？一方面，或许是流量红利没有了，存量经济玩不出花来，下一波科技浪潮很多又只是假象，比如 5G 和 VR；另一方面，风险资本沉溺在独角兽的幻觉里太久了！过去十年，整个社会风气太迷恋"独角兽"游戏了，太多人已经把估值当作商业的唯一目的，这可能是资本过度扭曲的根源。看看一二级市场估值的严重倒挂，这个小圈子的泡沫游戏玩得太封闭、太自嗨了。

到现在，很多人还幻想着自己能投中下一个独角兽，赚百倍千倍的回报，可残酷的现实是，做拉面、烧烤生意的公司都透支到几十亿的估值了。看上去个个光鲜亮丽、闪闪发光，但真正赚到钱的却是极少数，很多还得靠着 LP（Limited Partner，有限合伙人，可以理解为出资方）的管理费活着。

所以，市场真的需要那么多所谓的风险资本吗？市场真的需要那么多所谓的"投资人"吗？ K12 教育的改革只是一个警醒，这个行业的泡沫游戏，可能真的该结束了。

对于站在美元资本背后的海外 LP 来说，如果他们足够理性，也不一定会参与这种浮躁的游戏了。中国的超额收益神话正在消失，如果把钱都用来资助拉面，十年后又能变出什么花来呢？更重要的是，随着东西方的渐行渐远，如果连退出的通道都在消失，还有必要留恋这片土地上的财富机会吗？

另外，对于人民币资本来说，搞创新、玩冒险，从来就没擅长过，这跟我们本土缺少长远眼光的 LP 有很大关系。大家过去原始积累的钱很多也是靠自己投机来的，好不容易翻身了，怎么可能投进一只基金七年、十年甚至二十年呢？

说句难听的话，我们绝大多数人民币资本都不能说自己是风险投资，因为他们的本质都是玩对赌，玩绑架创始人的债权游戏，算哪门子的风险资本呢？他们的风险，请问体现在了哪里？本来美元资本这几年扶持了一大帮互联网新贵，新一代风险资本的正循环可能就来源于这帮 70 后、80 后，但我估计接下来要断代了。

因为有破必须要有立。

站在我的角度看，风险资本这个行业该何去何从呢？以下内容是我最想表达的。

第一，我坚定地认为风险资本是个好东西，我们不是要抵制风险资本，而是要更大胆地发挥风险资本的正面价值。我们要拿出 10 倍硅谷风险资本的体量，在中国的一级市场去大胆创新、大胆试错，不光京津冀有硅谷，长三角也有，珠三角也有，中部地区也有，海南也有，边疆都要有！科技的创新是怎么来的？就是真正的风险资本喂出来的！不要害怕科技泡沫，我们只怕无谓的资源浪费，探索的成本是可以容忍的。

第二，我们依然还需要借助美元资本的力量，资本就是资本。

我们一定要明白一点，真正的资本只是工具，它的底色一个是市场，一个是信托。当然，从大国博弈的长期愿景来看，我们必须坚定地做多自己的国家，所有中国人都希望美元资本衰落，人民币资本彻底崛起，特别是人民币走向国际化也是大势所趋。在迎来百年未有之大变局的时代下，我们的顶层思维必然是要破坏旧世界、构建新世界。那么资本的新世界是什么？构建一个超越美国资本体系的新大陆。这个新大陆，是香港还是海南，还是未来北深沪港琼五大体系融合的超级体？我不知道。我只知道未来全世界最好的企业除了纽交所、纳斯达克，一定会在我们这里诞生。

东方大国不会有任何殖民其他国家的意图，但可以整合全世界的资本赋能全世界。资本战争，才是现代超级大国未来真正的大决战，需要看远一点。

第三，人民币资本要全面转变过去的小农意识、生意人意识，拥抱风险，拥抱创新，拥抱试错！当然，别指望民间资本能成为主力，他们像《让子弹飞》里面的民众一样，只会依附胜利方，在没看到有利局面出现前，只会观望。主导者依然会是"国字号"资本，但这里面最大的问题是市场激励问题，还有人才缺失问题。

所以，风险资本该何去何从？我们只需要回答一个问题：资本是为谁服务的？

下一代技术革命会在哪里

"我们该怎么确保 Web3.0 的革命发生在美国?"

这句话是我在 2021 年听过的最振聋发聩的一句话。谁说的呢?一名美国议员。

这句话背后更深刻的内涵是"我们该怎么确保下一代技术革命,一定会发生在美国"。同样的话,我们要问问自己:"我们该怎么确保下一代技术革命,一定会发生在中国?"

所以这一篇,我首先要表达一个非常严肃的观点:这场东西方之间的竞争,绝对不是普通人的竞争,而是双方顶级人才的竞争!竞争的是什么?是代表一个民族最高级思想的群体,表明他们在想什么,在酝酿什么,在谋划什么。

过去几年,我们或许曾被某些假象给"蒙蔽",觉得某些国家在衰落,某些民众太愚昧、太无知,总感觉他们在内耗、很混乱,甚至连最基本的防护都做不好。

但事实真的是这样吗?千万不要这样想!

看看 2021 年美国常春藤盟校的疫苗接种率,耶鲁大学本科生接种率约 99.2%,哈佛大学在校学生接种率约 95%,康奈尔大学疫苗完全接种率约 96%,几乎都接近 100%。我们一定要明白一个道理,顶尖高手之间的竞争是拼长板,而不是拼短板!

有人说,我是不是在长他人志气灭我们威风?当然不是。一方面,我们国人的凝聚力、民族热情这几年达到了前所未有的高度,这是我们非常大的优势;另一方面,我们一定要清醒,回到开头的那个问题:人类的下一代技术革命,会在哪里?

抛开经济、制度和人口,现代强国之间的竞争,本质上都是科技的竞争。科技作为第一生产力,带着全世界经济往前走,所以,如果我们在下一代技术革命的竞争中落后了,那么将是非常被动的!

接着思考,所有承载科技应用的落地执行者是谁?过去几个世纪以来,人类最伟大的创新是什么?很多人能讲出一串,包括集成电路、电脑、转基因、卫星、互联网等。但其实,人类过去最伟大的发明不是技术,不是产品,而是孵化产生了一切技术和产品的平台。是什么？是现代公司。

甚至可以这样说，那些让人类的创新协同达到更高级别的组织机制，所产生的能量能超越 100 个乔布斯、100 个马斯克！

现在，美国正在筹划的 Web3.0 革命，我认为严格意义上其实是一场社会组织革命。因为它背后是区块链、加密货币、Web3.0 相联结的组合，这个组合产生的社会发明就是 DAO（一种去中心化的分布式自治公司），这是对现代公司制的彻底颠覆，特别是所有权问题。它有现代公司的灵魂，但却抛弃了现代公司的所有权结构和治理结构，DAO 的革命意义在哪里呢？如果它能实现，它将彻底释放人类个体的创造力，同时它又用一套分布式算法把每个人牢牢地耦合在一起！

所以，美国有一群精英一直在思考的是，怎么在底层上更加彻底地释放创新活力，而不光思考如何孵化出下一个苹果、下一个特斯拉。为什么不去孵化出 100 个苹果、100 个特斯拉呢？如果能同时孵化出这么多伟大的公司，那么现代公司应该如何变革？这种思维方式太厉害了！这样一种思考方式敢于颠覆自己，颠覆一切已经既定的东西！

那么，DAO 真的能取代公司制吗？它真的能彻底释放每一个人的创造力吗？它会把世界推向一个新的科技大爆炸时代吗？物理空间的硅谷还有意义吗？坦白说，我不知道。但是，有三点我很清楚：第一，我们要清醒，弱小和无知不是生存的障碍，骄傲才是；第二，要确保下一代技术革命的发生，不能一味靠顶尖人才的创新，还可以想想怎么培育创新的土壤，怎么构建创新的机制；第三，水至清则无鱼。

向前，向前，向前

2019年1月，郑永年在一次媒体访谈中，曾说了这么一段话：

"各个国家，尤其是各个大国，目光不能太局限，只考虑政治层面，不考虑发展。每个国家都有自己的问题，收入分配、种族矛盾、社会矛盾……只不过形式不一罢了。大国之间对于发展经济有共识，潜力就很大，但是如果大家都不想发展了，光想着分蛋糕，就很危险。所以，如果经济还在发展，社会矛盾就还是发展中的问题，可以用发展来解决；但是如果经济停滞了，经济不增长呢，很多问题就会浮现出来。"

我认为郑永年的这段话是非常智慧的。他的这一段话，让我想起硅谷的风险投资人保罗·格雷厄姆（Paul Graham）的一句名言：创业公司唯一重要的事情就是增长，一切源于增长。甚至有很多人说，增长可以掩盖一切问题！

这句话对吗?

我们先思考一个问题,为什么不发展很容易就陷于危险中?为什么不发展很容易发现自身千疮百孔的问题?为什么不发展很容易陷入封闭式的内耗纷争?王东岳的一个解释是这样的,他说:

"自从人类由农业文明转向工商业文明以后,人类个体的生存能力就在不断地走向残化,每个个体会越来越依赖社会高度分工的协作社会,这个过程中,资本和科技会越来越发达,而科技越发达,资本越强化,那么单体人类的作用会继续残化,最后,个体的作用就越来越式微。"

这个解释有问题吗?我认为没问题,而且逻辑很自洽。

那么这个闭环系统的背后,底层又是什么逻辑在驱动呢?王东岳认为,是西方社会主导的竞争与进步文化。人类越竞争,就越进步;越进步,就越竞争,导致最后走向一条绝对的发展路径。发展,发展,再发展,增长,增长,再增长,人类整体似乎看上去越来越强大,但是个体却越来越残化。出门开车没导航就不能开了,越来越多的人吃着外卖,看着"奶头乐"的娱乐节目,过着醉生梦死的生活,他们的个体生存能力,可能已经降到人类有史以来的最低水平。而且,这条路看上去永无尽头!

所以,现在全球经济遇到的最大问题,就在于,只要全球经济的蛋糕还在变大，只要增长还能继续，那么大家就其乐融融、相安无事。虽然各自内部的矛盾都一大堆，但不重要，这就是一个动态的耗散系统，能维持住就行了。可是突然遇到了一个百年不遇的黑天鹅事件，而刚好人类的科技曲线处于停滞状态，下一波科技浪潮还没有到来，全世界发达国家的人口红利随着我们国家人口的变化都在衰减，连最大的市场消化通道都不顺畅了，于是，全球经济就开始走向吃独食的封闭系统。从几年前，"America First"（美国优先）被提出的那一刻开始，就已经注定，过去全球经济靠超发货币实现资本与科技双泡沫的时代，将面临人类有史以来最大的一次挑战。

没了增量市场，就没了增长泡沫，没有泡沫，所有问题都会浮现出来，这就是当下全球经济出现一系列问题的根源。到目前为止，请问，我的整个推演逻辑有破绽吗？应该没有。

但是，我不得不提出一个更严峻的问题：人类，还有其他选择吗？

中国过去几千年的历史，曾经向世界证明，封建君主制与儒学士绅文化相结合的超稳定结构，可以跟农业文明非常有效地匹配，而且我们的这个结构还证明了在工商业文明到来之前，我们的结构是最优结构。

但是这个结构也有它的先天问题，比如相对封闭、压抑个性、体制僵化，永远在存量市场上来回进行周期轮回。

我一直是老子的粉丝，喜欢老子很多年，我们道家的老子、庄子也好，杨子也罢，曾经都提倡回到"自然人"的状态，不要走"社会人"的路径。那什么叫"自然人"呢？就是过着充分"吾性自足"的个人主义生活，回归我们人类最初的模样，清静无为。

这也是人类的一条路，但问题是这样可行吗？

在《枪炮、病菌与钢铁》这本书里，当年查塔姆群岛的土著人莫里奥里人，够"自然人"了吧？最后被更先进文明的毛利人活活给灭族了。我们近代以来的耻辱，本质上不也是这样吗？"落后就要挨打"这六个字，还有谁比我们华夏民族更有切肤之痛吗？

所以我的结论是，人类没有选择。就像遥远的当年，大海里的某一个细胞突变成真核生物一样，地球上的一切生物，在几十亿年的盲目演化之后，任何物种有主观意志的演化路径吗？没有，都在被绝对裹挟式地前进！

当然，如果我们单从人类的幸福指数来说，就我个人的观察来看，可能道家的自然人社会幸福指数最高，其次是孔儒的封闭式农耕社会，然后是现代的开放式竞争社会。可问题又来了，人类的整体是为了所谓的幸福指数而存在的吗？未必是啊！当然，"幸福本身是什么"都是个哲学问题，那么这个讨论就很难有答案了。

最后的最后，我想说，人类世界的唯一之路，很有可能就是竞争，竞争，再竞争，发展，发展，再发展。

某种意义上，这是符合熵增定律的，宇宙的最大运动就是走向熵增的单向不可逆运动，负熵的生命体只会让这个世界走向更为爆发式的熵增。

所以，有一点我极其确定，人类必然会走向太空，人类必然会走向星际文明。向前，向前，再向前，这是发展的方向，也是人类追求的目标！

后 记

为什么我的花名叫子皮,而且一用就用了十几年?我的英文名 Fanlee,2008 年去一个外企实习的时候就用了,一用也用了十几年。其实背后都是因为我非常崇拜一个人。

这个人叫范蠡!

范蠡从越国功成身退、泛舟五湖的那天起,他就给自己起了个别号叫"鸱夷子皮"。"鸱夷子皮"是什么意思呢?就是一个装酒的牛皮袋子,当时的越国,家家户户都有。很多人可能不知道,虽然范蠡远没有诸葛亮有名,但其实也是中国历史上非常了不起的一个人物,而且在我心目中他是个接近完美的男人。

为什么说范蠡的一生几乎完美呢?他年轻时从政,意气风发。在越国最危难的时候,十年生聚,十年教训,用整整二十年的时间,兴一国灭一国,辅佐勾践成了春秋一代霸主。在他的功业达到顶峰的时候,他却隐退了,因为他早早预见了鸟尽弓藏、兔死狗烹的结局。

就凭这一点,我们历史上有多少出将入相的国士能做到呢?

范蠡彻底归隐以后的经历,才是我最佩服的地方。在古代,士农工商中商人是最低贱的职业,但是范蠡愿意放弃所谓的士族身份,抛弃自古以来的职业成见从头再来,哪怕被整个儒士阶层唾弃也无所谓。

这一点在那个时候有多难呢?从一个出将入相的谋士,主动沦为一个最末等阶层的商人,范蠡可能是我国历史上独一个!关键是他一经商,又是天下第一,而且不是一次,是经商三次都成了巨富。但是因为害怕暴露身份,三次都散尽了家财,直接捐给了乡里乡亲。这样的人,全世界的历史上我好像也没看到过。

所以,我经常对很多创业者朋友说,范蠡是我国历史上第一个真正的职业创业者,他对经商已经形成了自己的系统性方法论,他做生意从0到1白手起家,就像玩似的。可惜他写的《计然篇》,还有他的兵法,全部都找不到了,否则,谁知道他的著作会不会跟《孙子兵法》一样千古流芳呢?

晚年的时候,范蠡又自号陶朱公,活了88岁寿终正寝。而在2000多年前,人们的平均寿命才40多岁啊!

后 记

总结范蠡的一生，有人评价他"忠以为国，智以保身，商以致富，成名天下"。我觉得这都不足以概括他的人生，因为他的人生每一步看上去都闲庭信步、淡定从容，每一步似乎都胸有成竹、可洞见未来，而且，他的人生还带着某种莫名的现代感，绝对求真务实！他太圆满了，圆满到我一度非常怀疑范蠡会不会是一个穿越者？

在我二十几岁的时候，范蠡成了我偶像般的人物。不过话又说回来，哪个向往传奇、崇拜英雄的人，会不欣赏他呢？只是在这么多人里，我最不要脸地盗用了他的别名。

今天，我为什么要这么长篇累牍地解读范蠡呢？是因为我人生的第一个使命就是从范蠡开始的，从"子皮"开始的。我从2010年开始做创投，一直把自己的使命定义为四个字：士天下王。在和平年代，真正的诸侯、真正的霸王就是我们商场里的创业者。商场人生，就是天下诸侯群雄逐鹿的人生，所以在当时，我一切的精神寄托就是全力寻找下一个齐桓公、下一个越王、下一个秦王，找到他，辅佐他，希望自己能成为下一个范蠡、下一个管仲。

在商业世界，创业者永远是红花，投资人永远是绿叶，不能本末倒置。说白了，投资人就是个搭顺风车的，也正是因为这个初心，我最早拍短视频的slogan，都是一句话：我是子皮，野心家背后的辅佐者！但自2021年下半年开始，我已经大半年没讲这句话了。为什么？因为"野心家"是一小撮人，太过于精英主义，这是不利于天下大同的，而且当我的粉丝超过 100 万、200 万的时候，我越来越发现很多事情在慢慢发生变化，短视频是我们这个时代的思想传播者，你播什么样的种子，就会结什么样的花。

如果你只想为"野心家"立言，那么你就要为他们发声，但是如果你想为更多普通人的共同富裕立言，那么你就该为更多普通人发声。如果范蠡生在这个时代，他最终会为哪个群体立言呢？我觉得，他会选择后者！所以从今往后，我子皮的个人使命就转变成了这句话：为共同富裕争取更大的集体启蒙！

我拍短视频，是为了这个；我去实地走访项目，分享一些可能有意思的合作机会给大家，也是为了这个；我每个月讲课，还是为了这个；我创作本书，同样也是为了这个。我的"子皮商论"，以后会为更多普通人做不同阶段的财富教育，与更多人一同价值生长！

最后，我还是真诚地希望每一个人都能找到属于自己的天命。

记住，老兵不死，一切即有花开时！